KB124920

교육을

|

교육하다

미래교육을 위한 8가지 키워드

교육을 교육하다

임종근 지음

에듀니티

대한민국 교육의
선진화를 꿈꾸며

이 책은 제가 36년간 고등학교 교사, 장학사와 장학관, 중학교와 고등학교의 교장, 서울시교육연구정보원 부장, 서울시성동광진교육지원청 교육장, 한양대학 교육대학원 겸임교수로 재직하면서 끊임없이 고민하였던 다양한 교육문제들에 대해 블로그에 썼던 짧은 칼럼들을 엮은 것입니다. 《교육을 교육하다》라는 책명에는 지금의 교육을 새로운 관점에서 새롭게 디자인하여야 한다는 강한 의지가 담겨 있습니다.

저는 학교경영도 기업경영과 마찬가지로 디테일한 관점과 고도의 전문성이 요구된다고 생각합니다. 왜냐하면 급변하는 시대에 조응하면서 미래지향적인 학교를 운영하려면 학교 교육과정, 교육 시스템, 제도와 관행, 교원의 교육철학과 신념, 인화와 협업 등 학교의 조직문화가 새롭게 변해야 하며, 그러기 위해서는 교직원들에게는 분석력, 문제해결력, 창의성, 기획력 등의 역량이 필요하기 때문입니다.

예를 들이 학습부진학생 지도체제 구축, 학생자치활동 활성화, 인권친화적인 교육환경 구축, 폭력 없는 평화로운 학교문화 조성 등은 일부 선생님이나 특정 부서의 과제가 아니고 학교교육공동체가 함께 지혜를 모아서 추진해야 할 학교 차원의 중장기적인 과제이므로 학교의 모든 교직원이 전문성과 책무성을 가져야 합니다.

저는 고등학교 교장으로 정년퇴임을 하였습니다. 학생들이 마련한 조촐한 정년퇴임식을 마치고 교문을 나오면서 '퇴임이 아니고 퇴출이구나'라는 생각과 함께 서글픈 마음이 들어 울적했습니다. 며칠 뒤에 그 울적한 심정에 대해 곰곰이 생각하니, 그 마음은 '내가 아직 할 일이 많은데……학교를 이대로 두고 떠나서는 안 되는데……'라는 죄책감이었습니다.

학교는 여전히 예나 지금이나 진학과 입시를 위한 경쟁교육을 하고 있습니다. '사람다운 사람을 육성해야 한다'는 말을 평생 동안 마음에 새기고 교육자의 길을 걸어왔던 저는 지식교육도 중요하지만 인성교육에 더욱 충실해야 한다고 생각합니다. 그런 점에서 초·중·고등학교는 하루속히 교육의 본질과 정체성이 확립될 수 있도록 혁신미래교육을 고민해야 한다고 생각합니다.

우리 아이들은 학교폭력, 데이트폭력, 아동폭력, 성폭력이란 부정적 용어가 만연한 병든 사회에서 자살 충동까지 느끼며 행복하지 않은 삶을 살고 있습니다. 교육 선진국인 OECD 국가 중에서 학생들의 행복지수가 가장 낮고 자살률이 가장 높은 나라가 대한민국입니다. 이러한 낮은 학생 행복지수와 높은 자살률은 무엇을 의미할까요? 우리 교육자들은 대한민국 교육의 어두운 그림자의 실체가 무엇이고, 그 원인이 어디에 있는지 반드시 규명해야 합니다. 그래야만 교육의 발전과 혁신을 기대할 수 있습니다.

대한민국 교육의 정상화와 선진화를 위해서는 무엇보다 학교와 가정 그리고 교육청에 토론문화가 정착되어야 합니다. 특히 학교의 교직원들은 교육현장에서 이루어지는 교육활동 하나하나에 대하여 디테일한 관점으로 분석하고 평가하여 교육적 성과를 이끌어 내는 데에 지혜를 모아야 합니다. 그러한 교직원의 전문적 활동은 학교에 토론문화와 연구 분위기가 조성되지 않으면 불가능합니다. 기업에서 많이 사용하고 있는 액션러닝Action Learning과 같은 연구방식이 학교경영에도 도입되어야 합니다. 학교는 전달 방식이나 일회성 회의 관행을 지양하고 과학적이며 조직적인 경영 시스템이 정착되어야 합니다. 그러한 노력 없이는 학교의 조직문화는 절대로 바뀌지 않을 것입니다.

《교육을 교육하다》는 총 8장으로 구성되어 있습니다. 1장은 인권교육 편(인권이 꽃피는 평화로운 학교 만들기), 2장은 평등교육 편(다름과 차이를 인정하는 교육), 3장은 학교폭력 편(폭력 없는 안전한 학교 만들기), 4장은 인성교육 편(문제행동학생 상담 및 지도), 5장은 교사 편(교사의 전문성과 리더십 함양), 6장은 학교운영 편(교육공동체가 동참하는 학교 조직문화), 7장은 미래교육 편(지속발전 가능한 혁신미래교육), 8장은 평생교육 편(모두가 행복한 평생학습사회 구현)입니다.

각 장에 담긴 발제문 형식의 짧은 칼럼과 '교육상식 더하기'는 교육자 개개인의 교육 전문성을 높이고 학교에 토론문화를 조성하는 데 일조할 것으로 생각합니다. 칼럼 주제별로 교직원들이 집단토론을 하면서 학교 나름대로 학교운영 방침을 설정하고 액션플랜을 만들어 실천한다면 학교의 조직문화는 획기적으로 변화될 것이라 생각합니다.

《교육을 교육하다》는 선생님이 되고자 임용고시를 준비

하는 교육대학과 사범대의 예비교사들, 교사로 임용되어 초중고등학교 교단에 첫발을 디딘 초임교사들에게 많은 도움이 될 것입니다. 그리고 '마을이 학교'라는 기치하에, 학교교육 지원 활동을 다양하게 하고 계신 마을교육 전문가들에게도 학교라는 조직을 이해하고 교육의 전문성을 함양하는 데 참고자료가 될 것입니다. 아울러 이 책에서 제시된 다양한 교육문제에 대한 해결방안들이 교육부와 시도교육청의 교육 행정가들에게 대한민국 교육정책을 형성하는 데에 디딤돌이 되기를 희망합니다.

그동안 네이버 블로그인 '교육내시경education endoscope'을 읽어 주시고 조언을 해 주신 많은 분들께 진심으로 감사드립니다. 교육을 사랑하며 교육에 열정을 갖고 헌신하시는 동료 교육자들이 계시기에 블로그 '교육내시경'이 책자《교육을 교육하다》로 태어났습니다. 앞으로도 '교육내시경'의 교육 칼럼은 책으로 여러분과 만날 것입니다. 많은 성원과 조언 부탁드립니다.

차례

머리말 대한민국 교육의 선진화를 꿈꾸며 005

 인권교육 편
 인권이 꽃피는 평화로운 학교 만들기

1. 제대로 된 인권교육, 그것이 답이다 017 ● 인권 목록의 세 가지 범주 021
2. 인권에 대한 바른 관점 갖기 023 ● 서울학생인권조례 제정 과정 028
3. 인권교육이 희망이다 030
4. 혐오표현은 인권침해이자 폭력임을 교육하자 034
5. 학생인권과 교권의 관계성 037 ● 학생인권의 모태, 유엔아동권리협약 040
6. 아이들에게 휴식을 선물하자 042
7. 근로학생의 노동인권, 이대로 방관해도 되는가 046 ● 아동의 노동인권 053

 평등교육 편
 다름과 차이를 인정하는 교육

1. 미투 운동은 국민인권운동 057 ● 양성평등과 성평등의 개념 구분 060
2. 페미니즘은 반남성주의일까? 062 ● 성역할 사회화의 주요 원인 067
3. 우리 안의 성차별 의식을 깨자 069 ● 상대적 평등 072
4. 성소수자 학생 차별을 반대한다 073 ● 소수자와 성소수자의 개념 078
5. 용기 있는 발언이 칼이 되지 않으려면 079
6. 탈북학생 교육은 통일대비교육이다 083
7. 모두가 행복한 다문화 사회를 위하여 088
8. 예멘 난민 문제를 어떻게 볼 것인가 091 ● 인권의 보편성과 특수성 094

3장 학교폭력 편
폭력 없는 안전한 학교 만들기

1. 학교폭력 사안처리의 핵심은 관계 회복 099
2. 학교 밖 폭력 사안, 경찰이 전담해야 102 ● 독일의 학교폭력 대응 108
3. 학교폭력 예방을 위한 정책 제안 110
4. 인권교육이 최고의 해결책 120 ● 비례의 원칙(과잉 금지의 원칙) 123
5. 학교폭력 예방 ALARM 지도법 126
6. 데이트폭력 예방을 위한 성평등교육의 필요성 130 ● 성폭력의 개념 134
7. 아동학대 근절을 위한 정책 제안 135
                                    ● 위기청소년 부모에게 주는 여덟 가지 조언 141

4장 인성교육 편
문제행동학생 상담 및 지도

1. 상벌점제도 무엇이 문제인가? 145 ● 회복적 생활교육 150
2. 인성교육의 기본 방향은 인권교육 152
3. 자살 충동 이기는 마음교육이 필요한 때 155 ● 관계치료 162
4. 더욱더 중요해지는 학생 상담 163 ● 학생의 문제행동 원인 167
5. 따뜻한 말 한마디의 힘 169 ● 이성적 대화를 하는 법 173
6. 다른 나라는 어떻게 인성교육을 할까? 175

차례

 5장 교사 편
교사의 전문성과 리더십 함양

1. 최고의 소통은 경청과 질문 183 ● 소통과 공감의 대화법 187
2. 주도형 대화 대신 경청 대화 188
3. 하루 세 번 나에게 하는 질문 192 ● 카르마와 자기절제 195
4. 세심한 지도는 디테일의 힘에서 나온다 196
5. 하루속히 실천해야 할 토론수업 199 ● 하브루타 교육의 참여 학습 204
6. 컨설턴트의 자질과 품성 205 ● 컨설턴트의 다양한 대화 기술 210
7. 사회 현안 토론수업의 관건은 교사의 의지와 전문성 212
8. 교원의 정치적 표현의 자유를 보장하자 217

 6장 학교운영 편
교육공동체가 동참하는 학교 조직문화

1. 학교경영 혁신을 위한 교무분장 전략 225 ● 성공적인 협상을 위한 조언 228
2. 교사의 자발성 유도는 어떻게? 229 ● 넛지 효과 232
3. 조직 갈등 조정의 자세와 방법 233 ● 감정적인 논쟁을 피하는 방법 236
4. 교육혁신의 열쇠, 소통 237
5. 침묵은 금이 아니다 240
6. 다수결의 원칙은 옳은가 243 ● 토론할 때 범하는 논리적 오류 246
7. 학교자치의 마중물, SPTA 248
8. 스승 존경, 제자 사랑 풍토를 조성하자 252 ● 존경받는 교사의 여섯 가지 특징 255

7장 미래교육 편
지속발전 가능한 혁신미래교육

1. 세계시민교육, 어떤 교육을 해야 할까? 259
2. 경쟁교육에서 행복교육으로 270 ● 독일 교육의 시사점 273
3. 인성교육의 핵심은 소통문화 조성 274 ● 미국의 돌봄 정책 278
4. 봉사정신은 리더의 핵심역량 280 ● 우분트 정신 283
5. 아이들이 행복한 교육을 위하여 284
6. 인공지능사회에 더 중요해지는 인간교육 287 ● 미래 인재의 여섯 가지 조건 290
7. 미래학교는 마을결합형 학교 292
8. 교복 입은 시민에게 정치를 교육하자 295

8장 평생교육 편
모두가 행복한 평생학습사회 구현

1. 차별 없는 민주시민사회 만들기 301
2. 성인 대상 시민교육이 필요하다 304
3. 촛불시위는 시대정신의 발로 307 ● 앙가주망 310
4. 사상, 양심, 종교의 자유에 대해 생각하다 311
5. 백세시대, 우리에게 필요한 죽음교육 315
6. 성인 대상 교육은 달라야 한다 319 ● 성인교육을 위한 네 가지 교수 기법 322
7. 코로나19 상황에서의 민주시민성 교육 방안 324

참고도서 327

1장

인권교육 편

인권이 꽃피는 평화로운 학교 만들기

제대로 된 인권교육,
그것이 답이다

저연령화·사이버화되고 있는 다양한 학교폭력, 끊이지 않는 아동과 여성에 대한 가정폭력, 연인 간의 데이트폭력, 크고 작은 조직에서 발생하는 위계와 위력에 의한 성차별과 성폭력. 이것이 대한민국의 현실이다. 우리나라는 교육 선진국이라는 OECD 국가에서 국민행복지수가 최하위이며 자살률은 최고인 나라이다. 이쯤 되면 우리나라는 결코 행복한 나라가 아니다.

진보와 보수의 싸움, 약자와 소수자에 대한 갑질, 일베와 메갈리아 사이트로 대표되는 여성 혐오와 남성 혐오. 성희롱과 성폭행을 고발하는 미투MeToo 운동과 여성 배제 심리인 펜스 룰Pence Rule, 학생인권 존중에 대한 불만과 교권 강조 등은 인권감수성이 낮은 사회에서 벌어지는 안타까운 현상이다.

우리 국민은 어찌하여 이토록 인권 의식이 낮을까? 그것은 제대로 된 인권교육을 받지 못했기 때문이다. 정치적으로는 36년간의 일제 식민통치, 남북분단, 장기간의 군부독재, 사회문화적으로는 뿌리 깊은 유교문화와 가부장적 사회, 경제적으로는 고속성장으로 인한 빈부격차와 황금만능주의, 교육적으로는 학력·학벌주의, 고진감래형 교육, 경쟁교육 등이 인권교육의 본질과 목적을 왜곡하고 가로막았다.

서울시교육청의 학생인권센터에서 2015년 12월에 초중고 등학교를 대상으로 학생인권 실태 전수조사를 하였는데, 학생들의 39%는 인권교육을 받지 않았다고 대답했다. 모든 학교는 학생 대상 인권교육을 하였다는데, 학생들은 어째서 전혀 교육을 받은 적이 없다고 응답했을까? 학교와 선생님들은 이 문제를 교육적인 관점에서 디테일하게 분석을 하여야 한다.

인권교육은 한마디로 학생들에게 인권의식을 함양시키는 교육이다. 인권의식이란 일상적인 생활에서 일어나는 인간관계를 인권적 관점으로 바라보고, 인권침해에 대하여 문제의식을 갖고 그 원인을 찾아 해결하려는 생각과 그러한 생각을 실천하려는 의지와 행동이다. 그래서 인권교육은 인권에 대한 지식과 이해, 가치와 태도, 참여와 연대를 아우르는 목표를 갖고 시행하여야 한다.

제대로 된 인권교육은 인권의 속성인 보편성, 양면성, 상호성, 옹호성을 내면화시키는 것이다. 보편성은 성별, 종교, 나이, 인종, 장애, 경제적 지위, 징계, 성적 등으로 차별받지 않을 권리이며, 양면성은 개인의 자유와 함께 책임이 그리고 권리와 동시에 의무가 있음을 의미하며, 상호성은 나와 타인, 나와 공동체의 인권이 상호 존중되어야 함을 의미한다. 옹호성은 인권침해를 주로 당하는 약자와 소수자의 인권 보호와 존중 그리고 법과 제도를 바꾸려는 연대와 사회 참여 활동을 의미한다.

지금처럼 수업시간에 역사적 사실과 법과 제도만을 가르치는 지식 일변의 교육과 전교생을 대상으로 하는 집체교육이나 방송교육, 가정통신문이나 포스터 등의 유인물로 하는 행사성 교육방식으로는 학생들이 인권감수성조차 배양하기 어렵다.

이제는 더 이상 '학생인권조례로 인하여 학생들이 제멋대로 행동하며, 자유니 권리니 주장하면서 교사의 교육적 훈육을 어렵게 한다'고 한탄만 해서는 안 된다. 제대로 된 인권교육만이 학교교육공동체 구성원 모두의 인권이 존중되는 인권친화적인 문화를 조성할 수 있다.

대한민국이 국민행복시대를 열어가기 위해서는 연령을 막론하고 모든 사람(성인과 18세 미만의 아동)을 대상으로 제대로 된 인권교육을 해야 한다. 정의, 자유, 평등, 행복의 가치는 일상적인 삶에서 구현되어야 한다. 인권교육이 희망이자 국민행복시대를 구현하는 길이다. 모든 교육문제와 사회문제의 답은 인권교육이다. 우리 교육자들이 앞장서서 지혜를 모아 인간교육으로서의 인권교육을 제대로 해 보자.

| 인권 목록의 세 가지 범주 |

1948년 12월 10일 파리에서 개최된 제2차 유엔총회에서 그 유명한 세계 인권선언이 만장일치로 채택되었다. 그 이후 유엔을 비롯한 국제기구는 인권 보장을 위한 여러 가지 규약과 협약을 발표하였다. 현재까지 발표된 국제법인 규약과 협약에 담겨 있는 인권 목록은 다음의 세 가지로 범주화할 수 있다.

첫째, 시민적·정치적 영역의 인권

시민적·정치적 영역의 인권은 보통 자유권이라고 통칭한다. 자유권의 구체적인 종류는 생명권, 인격적 존재로 대우받을 권리, 평등권, 신체적 자유, 거주 이전의 자유, 사상 표현, 집회결사의 자유, 사생활 및 가족생활을 존중받을 권리, 정치 활동을 할 권리, 권리를 구제받을 권리, 재산권 등이다.

둘째, 경제적·사회적·문화적 영역의 인권

경제적·사회적·문화적 영역의 인권은 보통 사회권이라고 통칭한다. 사회권의 구체적인 종류는 적절한 생활수준을 영위할 권리, 근로권, 노동조합에 대한 권리, 사회보장과 사회보험에 관한 권리, 가정 보호 및 지원에 관한 권리, 아동 보호에 관한 권리, 건강권, 교육을 받을 권리, 문화에 대한 권리, 소수자 권리 등이다.

셋째, 연대적·집단적 영역의 인권

연대적·집단적 영역의 인권은 최근에 등장한 것으로 환경권, 평화권, 발전권으로 구분하여 부른다. 이는 국가 간의 양극화, 빈부격차, 핵전쟁, 환경 파괴로 인한 생태 위기 등 새로운 위기 상황에 대하여 인권적인 관점에서 제기된 영역의 인권이다.

정부는 위에서 제시한 인권 목록을 보장하기 위하여 국가의 의무를 다하여야 한다. 인권의 존중respect, 인권의 보호protection, 인권의 실현fulfillment을 '국가의 3중 의무'라고 한다.

[참고] 유엔에서는 세계인권선언을 기초로 국제법의 효력을 갖는 경제적·사회적·문화적 권리에 관한 협약(A협약), 시민적·정치적 권리에 관한 협약(B협약)을 1966년에 제정하였다. 대한민국은 이 두 개의 협약에 1990년 7월 10일에 가입하였다.

* 위의 내용은 배화옥 외 3명의 《인권과 사회복지》(23쪽~32쪽)을 참조했습니다.

2

인권에 대한
바른 관점 갖기

학생들은 더 이상 미성숙한 존재나 훈육의 대상이 아
니다. 서울학생인권조례에 폭력으로부터 자유로울 권리, 개
성을 실현할 권리, 사생활의 자유 보장, 표현의 자유 등이
명시되면서, '교복 입은 시민'으로서 존중받아야 할 사회공
동체의 일원으로 부각되었다.

그래서 학교에서는 학생을 포함한 교육 3주체가 지혜를
모아 체벌 금지, 두발 등 용모, 의사표현 및 집회 등에 관한
생활규정을 학생인권조례에 근거하여 제·개정해야 하며, 대
화와 상담 위주의 생활교육 방식을 깊이 고민하여야 한다.

인권human rights이란 '인간답게 살 수 있는 권리', 즉 인간의

기본적 권리이므로 우리 인간에게는 무엇보다 소중한 것이다. 인권은 다음과 같은 다섯 가지 속성을 가지고 있다.

1. 인권은 인간의 기본적 권리로 천부적이다.

인권은 '사람의 권리right of man'가 아니고, '사람답게 살 권리human right'로서 시혜적 권리가 아니고 천부적 권리이다. 세계인권선언 제1조에도 "모든 사람은 태어날 때부터 자유롭고, 존엄성과 권리에 있어서 평등하다"라고 인권의 천부성이 명시되어 있다. 유엔은 특별히 자기결정권이 없는 어린이나 어른에 의하여 쉽게 기본권이 침해될 수 있는 청소년의 나이에 해당하는 만 18세 미만의 모든 아동에 대하여 그들의 인권이 보장받을 수 있도록 유엔아동권리협약을 제정하였다.

2. 인권은 인간이 갖는 보편적 권리이다.

인권은 어느 누구에게나 일반적이고 보편적으로 적용되는 기본적 권리이다. 세계인권선언 제2조에는 "모든 사람은 인종, 피부색, 성, 언어, 종교, 정치적 또는 그 밖의 견해, 민족적 또는 사회적 출신, 재산, 출생, 기타의 지위 등에 따른 어떠한 종류의 구별도 없이, 이 선언에 제시된 모든 권리와 자유를 누릴 자격이 있다"라고 인권의 보편성을 강조하고 있다. 인권은 특수성을 띠어서는 안 되고 보편성을 가져야 한다.

3. 인권은 권리와 책임을 동반한 상호성을 갖는다.

인간은 사회공동체의 구성원으로 살아가는 존재이므로 나와 타인과의 관계를 고려해야 한다. 나의 인권만이 아니라 타인의 인권도 존중되어야 한다. 그런 점에서 인권은 공동체의 정의와 가치를 존중해야 하는 책임이 강조된다. 인권은 나와 타인, 나와 공동체의 인권이 상호 존중되어야 하는 상호성을 갖는다. 인권의 상호성을 학교라는 조직에 적용한다면, 학생인권 존중은 다름 아닌 교사 인권 존중이며, 학생은 학교공동체가 제정한 학교의 규정을 반드시 준수할 책임이 있다.

4. 인권은 약자와 소수자를 보호하는 권리이다.

인권의 보편성이라는 차원에서 약자와 소수자만을 보호해서는 안 된다는 반론이 제기될 수 있다. 그러나 어느 사회나 일반적으로 약자와 소수자는 강자와 다수자에 의해 존엄성이 유린되거나 침해되기 때문에 인권은 약자나 소수자를 보호하는 속성을 갖는다. 유엔의 인종차별철폐협약, 여성차별철폐협약, 아동권리협약, 이주노동자와 그 가족구성원의 권리 보호에 관한 국제협약 등은 약자를 보호하기 위한 국제법이다. 특히 서울학생인권조례 제28조에는 소수자 학생의 권리 보장을 위한 방안들이 구체적으로 명시되어 있다.

5. 인권은 국가권력을 제어하고 사회 변화를 이끈다.

인권을 존중받으며 행복한 삶을 살아야 할 국민들은 국가의 법률과 제도가 정당성이나 민주성에 문제가 있다면, 국가의 권력을 통제할 수 있다. 그것은 정치공동체를 살고 있는 우리 국민이 헌법 정신과 참여민주주의를 실천하는 것이다. 주민발의, 주민감사청구, 주민투표와 주민소환, 주민참여예산제 등의 주민참여제도는 주민들이 함께 연대하여 국가권력을 제어하고 민주사회를 만들어가는 모습이다. 인권은 법률과 제도의 상위개념이다. 그래서 인권은 정의롭고 평화로운 사회를 위하여 국가보안법 폐지, 사형제도 폐지, 존엄사 인정 논의 등 사회변혁 추진의 동력이 된다.

그러나 인권이란 말을 긍정적으로 보지 않는 사람들도 있다. 학교의 일부 선생님들은 인권이란 단어를 언급하면, 바로 학생인권을 연상하며 '학생인권을 강조하니 교권이 위축되어 학생지도가 어려워졌다'고 생각한다. 인권은 다수자이든 소수자이든, 갑과 을의 관계이든 어느 누구를 막론하고 존중받고 보호되어야 한다. 그런데 인권이란 용어를 소수자나 약자의 피해나 차별에 대한 구제의 의미로 이해하면, 다수자와 기득권자에게는 부당한 요구나 대립적 갈등을 조장하는 부정적 언어로 비춰지기도 한다. '학생인권조례가 있으니 교사인권조례도 제정해야 한다'는 논리도 갑과 을의 반목적 관계나 갈등관계에서 제기될 수 있는 성찰이 부족한 주장이다.

인권은 근본적으로 '나와 타인, 나와 조직'의 인권을 서로 존중해야 하는 상호적 속성을 갖고 있기 때문에, 학생의 인권을 존중하는 학교문화를 조성한다는 것은 학생과 교사의 인권이 상호 존중되는 풍토를 만들어 간다는 뜻이다.

인권교육에 대해서도 부정적 시각이 존재한다. 학교에서의 인권교육 대상은 학생, 학부모, 교직원인데, 대상별로 교육 내용과 방식에 신중을 기하여야 한다. 학생 대상의 경우는 학생의 인권은 타인(다른 학생과 교직원)과 조직(학칙이나 규범)에 대한 책무성과 의무를 전제로 존중받을 수 있다는 점을 반드시 강조해야 한다. 그리고 교직원과 학부모 대상의 경우에는 그들을 인권의식이 낮은 존재나 인권침해의 잠정적 가해자로 보는 시각을 조심해야 한다. 그들의 다양한 관점과 경험 그리고 수준을 고려하면서 자존감을 높이는 교육이 이루어져야 한다. 그러기 위해서는 이론 중심의 강의나 일방적인 지도보다는 문제의식을 공유하면서 문제해결을 함께 고민하는 질문과 경청 중심의 토론식 강의를 해야 한다.

| 서울학생인권조례 제정 과정 |

서울학생인권조례는 경기도교육청(2010), 광주교육청(2011)에 이어 세 번째로 2012년 1월 26일에 공포되었으며, 지방자치법 제15조(조례의 제정과 개폐 청구)의 주민발의로 만들어진 조례이다. 서울학생인권조례의 제정 과정은 다음과 같다.

- 학생인권조례 제정 서울본부 서명 추진(2010.10.27)
- 주민발의안(97,702명) 시의회 이송(2011.9.30)
- 시의회 교육위원회 본회의 통과(2011.12.19)
- 서울시학생인권조례 공포(2012.1.26)
- 교육부, 대법원에 무효소송 효력정지가처분 신청(2012.1.26)
- 헌법재판소 권한쟁의심판 기각(2013.9.26)
- 대법원 서울학생인권조례의 무효 확인 소송 각하(2013.11.28)

[참고] 학생인권 관련 국내법

○ 대한민국 헌법 제10조

모든 국민은 인간으로서의 존엄과 가치를 가지며, 행복을 추구할 권리를 가진다. 국가는 개인이 가지는 불가침의 기본적 인권을 확인하고 이를 보장할 의무를 진다.

○ 교육기본법 제12조 제1항

학생을 포함한 학습자의 기본적 인권은 학교교육 또는 사회교육의 과정에서 존중되고 보호된다.

○ 초중등교육법 제18조 제4항

학교의 설립자·경영자와 학교의 장은 헌법과 국제인권조약에 명시된 학생
의 인권을 보장하여야 한다.(2007.12. 신설, 2008. 3. 시행)

○ 국가인권위원회법 제26조 제1항

위원회는 모든 사람의 인권 의식을 깨우치고 향상시키기 위하여 필요한 인
권교육과 홍보를 하여야 한다.(2001. 11. 25. 국가인권위원회 설치, 동년 5. 24. 국가
인권위원회법 제정)

3

인권교육이
희망이다

서울시의회 김생환 의원실에서 서울의 유초중고 학생 130만 명 중에서 2017학년도에 인권교육을 받은 학생은 1만 437명으로 고작 1%에 불과하다는 발표를 하였다. 이 통계는 서울시교육청에서 추진한 '학교로 찾아가는 인권교실'과 '사이버 인권교육'을 받은 학생 수만을 전체학생 수 대비 산출한 결과이며, 학교마다 자체적으로 실시한 인권교육 통계와는 많은 차이가 있다. 2015년 12월에 서울학생인권센터에서 실시한 인권친화적인 학교문화 조성을 위한 학생인권 실태조사에 의하면, 초중고등학생의 61%는 인권교육을 받았고, 39%는 인권교육을 받지 않았다는 결과가 나왔다.

서울의 모든 학교는 '학생인권조례'와 '교육과정 편성운영 지침'에 의거하며 학기별로 2시간씩 학생을 대상으로 인권교육을 하도록 되어 있다. 그래서 학교에서는 여러 가지 방법으로 인권교육을 하고 있다. 학생인권 실태조사에 따르면 인권교육은 수업(26.7%), 가정통신문(24.2%), 외부강사(23%), 사이버(12.8%), 창체 시간(11.4%)의 순으로 다양하게 실시한 것으로 드러났다.

그러나 인권교육은 교육 방법이 매우 중요하다. 지식 전달을 위한 이론적인 강의도 필요하나 인권감수성을 높이고 인권의식을 함양할 수 있도록 토론 또는 체험 중심의 교육을 하여야 한다. 가정통신문이나 일회적인 외부전문가의 집합 강의와 사이버강의는 교육적인 효과가 떨어진다. 교과수업이나 창의적 체험활동으로 인식의 변화를 가져올 수 있는 전략적인 교육을 해야 한다.

인권의식이란 일상의 모든 사태를 인권적인 관점에서 바라보고 인권침해의 원인을 파악하고 해결하려는 의지와 인권 존중을 실천하려는 연대와 참여의 행동을 포함한 자질과 역량이다. 단지 지식으로만 인권의 중요성을 알고 있어서는 인권친화적인 학교문화 조성은 기대할 수 없다.

2012년 1월 26일에 제정된 서울학생인권조례가 8년째를 맞이하는데, 아직도 '학생인권조례 때문에 학생들이 개성실현의 자유니 표현의 자유니 하면서 선생님의 훈육은 듣지 않고 제멋대로 행동하고 있어 생활지도가 어려운 상황이다' 라는 말을 자주 듣는다. 같은 교직자의 입장에서 생활지도의 어려움을 충분히 공감한다. 그러나 학생 생활지도가 어렵다고 공교육기관의 선생님들이 이대로 손을 놓아야 할까?

학교에서 끊임없이 발생하고 있는 학교폭력이나 성폭력은 그 원인이 다양하겠으나 결국은 학생들의 인권의식이 부족하기 때문에 일어나는 사안이다. 폭력 없는 학교 만들기는 다름 아닌 인권친화적인 학교문화를 조성하는 것이다. 인권교육은 삶을 위한 교육이다. 학교의 교원들은 인권의 보편성과 상호성이 학생인권교육에서 충실히 구현되도록 인권교육에 힘을 써야 한다.

서울의 학생 40% 정도가 인권교육을 받지 않았다고 한다. 인권교육을 했어도 유인물이나 일회성 집합교육으로 실시하였다면 제대로 된 인권교육이라 할 수 없다. 인권교육 방식을 토론수업이나 체험학습으로 전환하여 실제로 인권감수성과 인권의식을 높이는 가치관 교육을 하여야 한다.

학생 대상 설문에서 인권교육을 받았다는 응답률이 100%가 돼야 한다. 지금과 같은 방식으로 부실하게 인권교육을 한다면, 학교폭력, 성폭력, 데이트폭력, 성차별, 혐오발언hate speech 등의 폭력 사안은 절대로 줄어들지 않는다. 이러한 상황에서 학교의 선생님들이 학생들의 잘못된 인권의식과 낮은 인권감수성에 대한 교육적인 고민을 하지 않고 학생인권을 강조하니 교권이 흔들리고 있다고 정책과 제도에 대한 불만만 갖고 있다면, 증가하는 교권침해 현상마저도 해결하기 어려운 국면에 처할 것이다.

확인한 바에 의하면, 학생인권조례의 제정 취지를 충분히 이해하고 조례 내용을 학교 교육과정 운영에 충실히 반영한 학교는 학생들과 함께 규정을 만들고 상담 위주의 생활교육을 하고 있어, 오히려 학생인권조례로 인하여 폭력 없는 평화로운 학교이자 인권친화적인 학교를 만들어 가고 있다. 서울시교육청에서는 그러한 학교경영 우수학교의 모델을 찾아 하루속히 일반학교로 확산될 수 있도록 하여야 한다.

학생 개개인의 인권 존중 및 권리 보장 그리고 인권친화적인 학교문화 조성을 위한 노력은 하지 않고 과거의 생활지도 체제와 학생지도 방식을 그대로 유지한 채, 학생인권조례를 못마땅하게 여기고 학생인권을 부정적인 용어로만 생각한다면, 더 이상 학교의 미래는 없다. 학생들의 인권의식을 높이기 위한 인권교육은 공교육기관인 학교에 맡겨진 핵심과제이다. 가정과 사회, 정부의 뒷받침이 부실한 힘든 상황이지만 우리 선생님들은 '모두가 평화롭고 행복한 학교문화 만들기'에 지혜를 모아야 한다. 인권교육이 희망이다.

4

혐오표현은 인권침해이자
폭력임을 교육하자

생각보다 많은 학생들이 무시, 멸시, 모욕, 위협 등의 상처 주는 말을 거리낌 없이 자연스럽게 하고 있음을 자주 목격한다. 그 이유를 물으면 '장난으로, 심심해서, 남들도 하니까, 괜찮은 것 같아서, 표현의 자유이니까'라는 답변을 한다. 이와 같은 학생들의 낮은 인권의식을 방치한다면, 오늘날 사회적으로 문제가 되고 있는 학교폭력, 데이트폭력과 성폭력, 사이버폭력과 N번방 사건 등의 폭력사안은 절대로 근절되지 않고 끊임없이 발생할 것이다.

더욱 놀라운 일은 성인사회에서도 차별과 폭력이 심각하다는 사실이다. 직장 내 괴롭힘 방지 금지법(2019. 7. 16.)이 시행되고, 여성폭력방지기본법(2019.12.25.)이 제정된 배경을 살펴보면, 우리 사회는 인권이 존중되는 평화로운 사회는 결코 아니라는 참담함을 떨칠 수 없다.

우리 사회는 말과 글에 의한 모욕과 명예훼손보다도 개념 없이 자연스럽게 사용하는 혐오표현hate speech이 더욱 문제이다. 혐오표현은 일본 극우세력이 '조선인은 떠나라, 조선인을 죽여라'라는 구호를 외치며, 2013년 3월부터 6개월간 약 161건에 이르는 헤이트 스피치 시위를 하였던 사실이 언론에 보도되면서 관심을 받게 된 용어이다.

혐오표현은 성별, 장애, 종교, 나이, 출신, 지역, 인종, 성적지향 등 특정한 속성을 이유로 그러한 속성을 가진 개인이나 집단을 모욕, 비하, 멸시, 위협하는 표현 또는 그 개인이나 집단에 대한 차별은 당연하거나 필요하다고 부추기는 말이나 행동을 의미한다(국가인권위원회, 2020). 부연하면 혐오표현은 단순히 어떤 대상을 향한 일반적인 불쾌감이나 적대감을 의미하는 것이 아니라, 차별 사유를 가진 집단이나 그 구성원에 대한 부정적인 생각을 표현하는 것이다. 우리가 자주 듣는 '김치녀, 쿵쾅이, 성괴, 병신새끼, 애자, 개슬림, 급식충, 틀딱충, 짱깨, 쪽발이, 똥남아, 흑형, 백마, 똥꼬충, 가위충, 젠신병자' 등이 해당된다. 이러한 표현은 차별과 배제를 야기하기 때문에, 듣는 당사자는 불안, 좌절, 무력감, 분노 등으로 우울증 또는 자살충동까지 느끼는 심각한 정신적 장애를 갖게 된다.

혐오표현은 편견에 의한 차별discrimination, 폭력violence, 집단학살genocide로까지 전이될 수 있다. 심각한 혐오표현은 상황에 따라 모욕이나 명예훼손과 마찬가지로 형사법으로 처벌받게 된다. 실제로 유엔 르완다국제형사재판소는 1994년 아프리카 르완다에서 발생한 80만 대량학살이 일부 정치인, 언론인, 종교인들이 라디오와 신문을 통해 쏟아낸 헤이트 스피치가 직접적인 원인이었다며 그들에게 중형을 선고하였다(뉴스한국, 2013. 5.22.). 헤이트 스피치에 대한 강력한 처벌은 세계적인 추세이지만, 대한민국은 혐오표현에 대한 법률이 전혀 없는 상황이어서 혐오표현이 마치 표현의 자유인 것처럼 SNS를 비롯하여 일상적인 대화에 만연해 있다.

차별과 폭력 없는 평화로운 사회, 다양성과 차이를 존중하는 인권친화적인 사회를 만들어가기 위해서는 정부 차원에서 규제 없이 양산되고 확산되는 혐오표현을 근절하는 다양한 노력을 해야 한다. 특히, 공교육기관인 초중고등학교에서 선도적으로 혐오표현의 문제를 민주시민교육이나 인권교육으로 해결해 나가야 한다. 교육만이 사회를 바꿀 수 있다. 우리 교육자들은 혐오표현이 인권침해이자 폭력임을 교육해야 한다.

5

학생인권과
교권의 관계성

학생인권과 교권을 언급하기에 앞서 부모의 자녀교육권을 생각해 보자. 자녀교육은 부모로서 당연히 가지는 권리인 동시에 부모에게 부과된 의무이다. 부모의 자녀에 대한 교육권은 비록 헌법에 규정되어 있지는 않지만, 헌법 제36조 1항인 "혼인과 가족생활은 개인의 존엄과 양성의 평등을 기초로 성립되고 유지되어야 하며, 국가는 이를 보장한다"와 같이 존중되어야 할 중요한 기본권이다. 그렇지만 부모의 자녀교육권은 자녀의 보호와 인격 발현을 위하여 부여되는 기본권이라는 점에서 다른 기본권과는 구별된다.

즉 부모의 자녀교육권은 자녀의 인권 존중이라는 관점에

서 보장되는 것이다. 부모가 자녀의 건강이나 능력에 반하는 방향으로 자녀교육권을 행사할 경우, 국가는 자녀교육권을 제한할 수 있다. 더욱이 심각한 아동학대의 경우는 법으로 친권도 제한할 수 있다.

교권도 부모의 자녀교육권과 같은 맥락에서 생각해야 한다. 교권은 교사의 인권과는 다른 개념이다. 교권敎權은 국가에서 교사라는 직분을 갖은 자에게 학생지도를 위하여 부여한 권한이다. 그래서 교권은 학생의 기본적 권리(생명권, 발달권, 보호권, 참여권)의 보장을 전제로 발휘될 수 있는 권한이다. 학생의 기본권인 학습권과 교사에게 주어진 권한인 수업권을 모두 인권이라는 동일한 관점으로 보아서는 안 된다.

일부 선생님들께서는 학생인권을 너무 강조하다 교권이 추락해 학생지도가 어렵다는 말씀을 하신다. 현재 수업에서의 교과지도나 생활교육이 너무 어려운 상황이므로 심정적으로는 그 말에 충분히 공감한다. 그러나 그 푸념에는 두 가지 오해의 소지가 있으므로 자제할 필요가 있다. 하나는 '학생인권을 너무 강조한다'는 말에서 학생인권 존중에 대하여 부정적 시각을 갖고 있다는 오해를 살 수도 있다. 또하나는 '교권이 추락하고 있다'라는 말에서 학생의 인권을 교사의 교권과 대칭적 개념으로 생각한다는 지적을 받을 수 있다.

　학생독립운동기념일(11월 3일) 하루 전에 서울특별시교육청에서 발표한 〈서울학생인권 종합계획 2018-2020〉에 담긴 기본 과제들이 학교에서 체계적으로 충실하게 실천된다면, 학생 개개인의 인권의식은 높아지고 학교에 점차적으로 인권친화적인 문화가 정착될 것이다.

　우리 교육자들은 하루속히 힘들고 아픈 학교를 학생과 교직원 모두의 인권이 존중받고 교사의 교권도 보장되는 행복한 학교로 만들기 위해 지혜와 의지를 모아야 한다.

| 학생인권의 모태, 유엔아동권리협약 |

유엔아동권리협약은 1989년 11월 20일 유엔 총회에서 채택되어 현재 전 세계의 196개국이 비준한 국제인권규약이다. 대한민국은 1991년 12월 20일에 협약을 비준한 당사국으로 2017년 6월 19일에 제5, 6차 국가 보고서를 제출하였다.

이 협약은 헌법(제6조 1항)에 의거 국내법과 동일한 효력을 갖고 있으며, 만 18세 미만의 모든 사람을 아동으로 정의하고, 시민적, 정치적, 경제적, 사회적, 문화적 권리를 모두 포함한다. 참고로 우리 교육자들이 꼭 알아야 할 '아동의 4대 기본권'과 '아동인권 존중의 4대 원칙'을 소개한다.

1. 아동의 4대 기본권

1) 생존권Right to Survival
적절한 생활수준을 누릴 권리, 안전한 주거지에서 살아갈 권리, 충분한 영양을 섭취하고 기본적인 보건 서비스를 받을 권리 등 기본적인 삶을 누리는 데 필요한 권리.

2) 보호권Right to Protection
모든 형태의 학대와 방임, 차별, 폭력, 고문, 징집, 부당한 형사 처벌, 과도한 노동, 약물과 성폭력 등 어린이에게 유해한 것으로부터 보호받을 권리.

3) 발달권Right to Development
잠재능력을 최대한 발휘하는 데 필요한 권리. 교육받을 권리, 여가를 즐길 권리, 문화생활을 하고 정보를 얻을 권리, 생각과 양심과 종교의 자유를 누릴 권리.

4) 참여권Right to Participation

표현의 자유, 양심과 종교의 자유, 의견을 말할 권리, 평화로운 방법으로 모임을 자유롭게 열 수 있는 권리, 사생활을 보호받을 권리, 유익한 정보를 얻을 권리.

2. 아동인권 존중의 4대 원칙

1) 무차별의 원칙Non-discrimination

모든 어린이는 부모님이 어떤 사람이건, 어떤 인종이건, 어떤 종교를 믿건, 어떤 언어를 사용하건, 부자건 가난하건, 장애가 있건 없건 모두 동등한 권리를 누려야 한다.

2) 아동 최우선 이익 원칙Best Interests of the Child

아동에게 영향을 미치는 모든 것을 결정할 때는 아동의 이익을 최우선적으로 고려해야 한다.

3) 생존 및 발달 보장의 원칙Survival and Development Rights

생애시기에서 특별히 생존과 발달을 위해 다양한 보호와 지원을 받아야 한다.

4) 의사 존중의 원칙Participation Rights

책임감 있는 사람이 되기 위해 자신의 능력에 맞게 적절한 사회활동에 참여할 기회를 가지고, 자신의 생활에 영향을 주는 일에 대하여 의견을 말할 수 있어야 하며 그 의견을 존중받을 수 있어야 한다.

우리나라의 법과 정책 및 각종 제도는 유엔아동권리협약의 '아동의 4대 기본권'과 '아동인권 존중의 4대 원칙'에 입각하여 만들어지고 있다. 2012년 2월 16일에 발효된 서울학생인권조례와 정부에서 2016년 5월 2일에 제정하여 공표한 '아동권리헌장'도 유엔아동권리협약을 토대로 만든 것이다.

아이들에게
휴식을 선물하자

요즈음 독서실은 지문 인식기가 설치되어 있어 자녀의 독서실 출입시간이 실시간으로 부모에게 전송된다. 독서실 체류시간은 주간 또는 월간 리포트 형식으로 가정에 전달되며 누적시간이 많은 학생을 실적왕으로 뽑아 상도 수여한다. 그리고 CCTV가 방마다 설치되어 개개인의 공부하는 모습이 녹화되고, 떠드는 학생은 감독자가 수시로 통제한다.

칸막이 독서실에서의 휴식 없는 공부로 파김치가 된 중고등학생들은 자신의 집을 여인숙이라 하고, 부모와의 대화는 공지사항 대화 또는 찬스 대화라고 한다. 학생들이 꼽은 가장 스트레스를 주는 사람은 선생님도 친구도 아닌 부모라고 한다.

연세대 사회발전연구소 염유식 교수팀이 발표한 〈2015 어린이·청소년 행복지수 국제비교연구〉에 따르면 초중고 학생 전체의 19.8%가 자살 충동을 경험하였다고 한다. 자살 충동의 가장 큰 이유는 가정 형편이나 성적이 아니고 바로 '부모와의 갈등(초 44.0%, 중 44.4%, 고 36.0%)'이었다.

독일의 노르트라인베스트팔렌 주의 학교법에는 "숙제는 개별 학생의 수준에 적절해야 하며 스스로 할 수 있는 수준이어야 한다. 토요일과 일요일 주말에는 숙제를 내주어서는 안 된다. 숙제는 월요일부터 금요일까지만 내줄 수 있다."라고 학생의 휴식권 보장을 위하여 숙제의 분량과 방식이 규정되어 있다.

서울학생인권조례 제10조(휴식권) 1항과 3항에도 각각 "학생은 건강하고 개성 있는 자아의 형성·발달을 위하여 과중한 학습 부담에서 벗어나 적절한 휴식을 누릴 권리를 가진다", "학교의 장 및 교직원은 학생 의사에 반하여 정규교과 외의 교육활동을 강요함으로써 학생의 휴식권을 침해하여서는 아니 된다"라고 명시되어 있다.

보건복지부가 5년마다 조사하여 발표하는 〈한국 아동 종합실태조사〉(2018)에 따르면 국내 아동의 삶의 만족도는 100점 만점에 66.2점으로 OECD 국가 중에서 가장 낮았다. 아동결핍지수도 31.5%로 최하위였다. 삶의 만족도가 낮은 주원인은 학업 스트레스, 학교폭력, 인터넷 중독 순이었다.

온종일 학교, 학원, 독서실을 전전하는 경쟁적인 고진감래형 공부에 내몰린 학생들은 스트레스와 우울증에 시달리고 있다. 누에는 열심히 고치를 만드나 결국 자신의 고치에 갇히고 만다. 그러한 누에고치형 교육으로는 우리 학생들의 창의성도 사회성도 계발시킬 수 없으며 오로지 개인주의적이고 폐쇄적인 인간만 양산할 뿐이다.

지금의 인공지능시대는 성적보다는 창의성과 인성을, 학벌이나 스펙보다는 리더십과 사회성을 중시하는 사회이다. 유대인은 세계 인구의 0.2%에 불과하나 노벨상의 20% 이상을 석권한 민족이다. 그 비결은 나이, 성별, 신분 등과 상관없이 두 사람씩 짝을 지어 토론하는 하브루타 교육이다. 학교의 하부루타 교육은 한마디로 학생 중심의 창의성 교육이다. 우리나라처럼 경쟁교육의 전형인 교사 중심 칠판 수업과 칸막이 독서실 학습으로는 노벨상은 언감생심이다.

스칸디나비아의 부모들은 자녀의 행복한 삶을 위하여 자녀에게 시간을 선물한다고 한다. 우리나라의 부모들도 최소한 공휴일이나 일요일에는 자녀들이 독서나 운동 등 취미활동을 즐기면서 충분한 휴식을 취하도록 하고, 가족들과 함께 집안일 등 노작활동勞作活動을 하면서 가족애를 느끼며 성장하도록 해야 한다.

　얼마 전에 서울시교육감이 학생들의 건강권을 위하여 학원·교습소·개인과외 교습자의 일요일 휴무제를 제도화하기 위하여 법 개정을 추진하겠다는 성명을 발표한 것은 환영할 만한 일이다. 차제에 평일 10시 이후의 학원 영업도 금지하는 방안을 정부 차원에서 적극 검토하기를 바란다.

7

근로학생의 노동인권,
이대로 방관해도 되는가

고등학교에서 학교장으로 근무할 당시, 부장 한 분이 부친상을 당하여 대체 강사 모집공고를 하였는데 응모자가 없어서 교장인 내가 수업 보강을 들어간 적이 있다. 학생들은 교장선생님이 직접 수업을 한다고 하니 의아스러워하며 평소와는 다른 관심을 보였다. 나로서도 18년 만에 수업을 하니 흥분도 되었다. 그래서 학생들에게 재미있고 평생 잊지 못할 수업을 하고자 많은 시간을 할애하여 수업 준비를 하였고, 수업 시작 전에 학생들에게도 집중할 것을 간곡히 부탁했다.

그러나 예상 밖의 상황이 벌어졌다. 수업 초반부터 잠에

취하여 졸고 있는 학생이 세 명이나 있었다. 언어적 또는 비언어적 방법으로 잠을 자지 않도록 지도하였지만, 졸고 있는 학생들은 거의 제정신이 아니었다. 수업 진도가 반 정도 진행될 무렵에는 조는 학생이 더 늘어났고, 고개를 끄덕이며 졸던 학생들은 결국 엎드려 자고 말았다.

수업을 마친 후, 담임 선생님과 이 일에 대하여 이야기를 나누었는데 담임 선생님의 반응이 내 생각과는 정반대였다. '잠자는 학생들이 사랑스럽고 고맙다'는 것이다. 그 학생들은 이혼가정이나 별거가정의 자녀로서 경제적으로 생활이 어려워 아르바이트를 하면서 생활비와 용돈을 버는 학생들이라는 것이다. 저녁 늦게까지 일하고 파김치가 되었지만 학교는 결석을 하지 않으니 사랑스럽고, 수업을 방해하는 문제행동 학생들과는 달리 조용히 휴식을 취하니 수업에는 전혀 지장이 없어 고맙다고 했다. 그동안 자는 학생을 그대로 방치하고 수업하는 교사를 무능하다고만 생각했던 나의 고정관념을 일격에 깨뜨리는 충격적인 말이었다.

그렇다. 중고등학교에서 수업 중에 잠을 자는 학생이 많은 주된 원인은 아르바이트를 하는 학생이 많기 때문이다. 중고등학교에는 무단지각이나 무단결석을 상습적으로 하거나 학교에 등교는 하지만 잠만 자는 학생들이 상당히 많은 편이다. 이들 중에 많은 학생들이 아르바이트 등의 노동으로 휴식을 취하지 못한 채 노동과 학업을 병행하는 힘든 학교생활을 하고 있다.

2017년 한국청소년정책연구원에서 수행한 〈아동청소년 권리에 관한 국제협약 이행 연구〉 보고서에 의하면, 중학생의 5.0%, 고등학생의 18.1%가 아르바이트 경험이 있다고 한다. 중고등학생의 평균 12.2%가 학교를 다니며 노동을 한다는 것이다. 아르바이트 하는 것을 숨기려는 경향을 감안하면, 그 숫자는 더 많을 것으로 추산한다.

부모의 이혼과 별거 등으로 아르바이트를 해서 생활비와 용돈을 벌어야 하는 근로학생이 점점 늘어나고 있다. 고용노동부 통계에 의하면 2015년에 15세에서 19세까지의 전체 아동청소년의 수는 약 313만 명이며, 취업자는 24만 8천 명으로 고용률이 7.9%라고 한다. 이러한 학생들은 공적으로 보호하고 지원해야 할 특별교육 대상이다.

일을 하는 학생의 수가 많은 것도 놀라운 일이나, 더욱 놀라운 일은 그들이 노동현장에서 인권침해를 당하고 있다는 사실이다. 연구원의 보고서 설문 결과에 따르면 '임금을 받지 못하였거나 적게 받은 경험'은 17.5%, '근로계약서를 작성해 본 적이 없다'는 65.6%, '폭언 등 인격모독을 당한 적이 있다'는 12.3%라고 한다.

이와 같이 중고등학생들이 노동현장에서 기본적 권리와

인격적 대우를 보장받지 못하는 상황에 대하여 공교육기관의 교육자들은 어떤 시각을 가져야 하는가? 학교 밖 청소년의 문제와 같이 학교교육의 범주를 벗어난 문제로 생각하지는 않는가? 이제 우리 교육자들은 제자들의 노동문제에 대하여 진지하게 성찰해야 할 시점에 이르렀다.

서울시교육청은 2012년에 서울학생인권조례를 제정하면서 소수자 학생의 권리 보장을 명시하였다. 조례 제28조 1항에 "교육감, 학교의 설립자·경영자, 학교의 장 및 교직원은 빈곤학생, 근로학생, 장애학생, 한부모가정 학생, 다문화가정 학생, 외국인 학생, 운동선수, 성소수자 등 소수자 학생이 그 특성에 따라 요청되는 권리를 적정하게 보장받을 수 있도록 하여야 한다."고 밝혀 놓았다. 또한 서울시교육청은 학생들이 노동의 가치와 중요성을 인식하고 노동인권과 관련한 문제해결능력을 갖도록 2018년 1월 4일에 '노동인권교육 활성화 조례'를 제정하고 초중고등학교에서 학생을 대상으로 노동교육을 충실히 하도록 요구하고 있다.

서울학생인권조례 제28조에서 제시하고 있는 보호받아야 할 소수자 학생의 범주에는 빈곤학생과 근로학생이 포함된다. 학교에서는 학교 밖에서 노동을 하는 학생들이 부당한 인권침해를 당하지 않도록 노동인권교육을 충실히 하여야 한다.

아동의 노동인권을 존중하기 위하여 선생님들이 꼭 아셔야 할 기본 상식 몇 가지를 소개한다.

1. 일을 할 수 있는 만 15세 이상 18세 미만의 학생을 고용하는 사업장은 반드시 가족관계증명서와 친권자(또는 후견인)의 동의서를 비치하여야 한다.

2. 18세 미만의 아동은 단란주점, 노래방, 호프집, 다방 및 유류 취급 업무(주유소 제외) 등 유해·위험 업종에서 일을 할 수 없다.

3. 사용자는 임금, 근로시간, 휴일, 휴가, 취업 장소와 종사할 업무 등이 명시된 근로계약서를 아동에게 직접 교부해야 한다.

4. 임금을 지불할 경우에는 돈으로(통화지급원칙), 본인에게 직접(직접지급원칙), 전액을 지급하고(전액지급원칙), 매월 1회 이상 일정한 날짜에 지급하여야 한다(월1회 정기지급원칙).

5. 성인과 달리 1일 근로시간은 7시간이며, 1주일에 40시간을 초과하지 못한다. 다만 당사자와 합의에 따라 1일 1시간, 1주일 6시간 한도로 연장할 수 있다.

6. 청소년의 야간근로(오후 10시~다음날 오전 6시)와 휴일근로는 원칙적으로 금지된다.

선진국의 예를 들어보자. 독일은 초등학교에서부터 연간 6차례의 노사관련 프로젝트 수업을 토론 방식으로 진행한다. 프로젝트의 주요 내용은 노동 관련 문제의식 공유, 단체교섭 준비, 설문지 제작 및 서명운동, 인터뷰 및 연설문 작성, 평가회 등이다. 그리고 고등학교의 사회 교과서는 약 27%가 노동문제를 다룬다. 프랑스도 상황은 마찬가지이다. 고등학교 1학년 학생이 배우는 노동·법률·사회 교과서는 전체 쪽수의 1/3이 '단체교섭의 전략과 전술'에 관한 내용이다.

우리나라의 상황은 이런 나라와 비교도 할 수 없다. 대한민국의 사회 교과서 총 62권에는 노동을 다룬 내용이 모두 1%가 안 된다(하종강,《우리가 몰랐던 노동 이야기》). 이쯤 되면 초중고등학교에서의 노동교육은 아주 부실한 상황이라고 단언해도 과언은 아니라 생각한다.

삶은 노동이며 관계다. 우리 교육자들은 삶을 위한 교육을 해야 한다. 노동교육은 진로교육이며 행복교육이다. 특성화고등학교나 직업교육을 하는 고등학교에서만 제한적으로 노동교육을 해서는 안 된다. 선진국처럼 초등학교에서부터 노동교육을 시작하여야 한다. 그리고 정치경제 공동체를 살아가는 우리 학생들에게 노동인권이 왜 중요하고, 노동운동이 왜 필요한지를 지식만이 아니라 몸으로 체득하고 실천할 수 있는 가치관 교육을 충실히 하여야 한다.

　나는 중학교와 고등학교의 교장을 역임하면서 학교 내의 문제행동학생 지도에만 신경을 쓰고 근로학생의 학교생활과 일상생활에는 관심을 기울이지 못하고, 그들에게 필요한 노동교육도 하지 못하였던 지난 세월을 부끄럽게 생각한다. 지금부터라도 시울시교육청의 노동교육정책에 관심을 깆고 학교의 노동교육을 지원하는 일에 힘을 보태고자 한다. 아울러 퇴직한 교육계의 선배로서 후배 선생님들께 경제적인 어려움으로 부득이 아르바이트를 하며 학교를 다니는 근로학생들을 위한 돌봄과 배려의 노동인권교육을 기대해 본다.

| 아동의 노동인권 |

아동이란 유엔아동권리협약, 아동복지법, 근로기준법에 의거 만 18세 미만인 자를 말한다. 청소년보호법의 청소년과 소년법의 소년, 민법의 미성년자는 만 19세 미만인 자를 지칭한다. 이렇게 호칭과 연령 기준이 법률에 따라 다르니 혼란스럽다. 그렇지만 초중고등학교에 재학 중인 학생은 만 18세 미만의 아동이므로, 아동의 노동은 학생의 노동이라고 생각하면 된다.

노동인권은 '인간이 일상생활에 필요한 기본적인 수요를 충족하기 위한 육체적·정신적 활동을 할 수 있는 권리이며, 누구나 방해받지 않고 노동의 능력과 의사를 가진 자가 노동의 기회를 가질 수 있는 권리'를 말한다(광주광역시교육청, 2013). 노동인권은 유엔에서 1966년에 채택한 '사회권 규약International Convenant on Economic, Social, and Cultural Rights', 헌법 제31조 1항(모든 국민은 근로의 권리를 가진다. 국가는 사회적·경제적 방법으로 근로자의 고용 증진과 적정임금의 보장에 노력하여야 한다), 근로기준법 등으로 보호받게 되어 있다.

만 18세 미만의 아동이 노동을 할 수 있는 연령은 근로기준법 제64조(최저연령과 취직인허증)에 의거 만 15세 이상이어야 한다. 단, 일을 할 수 없는 만 13세와 만 14세의 경우 고용노동부 장관의 취직인허증을 발급 받으면 노동을 할 수 있다.

2장

평등교육 편

다름과 차이를 인정하는 교육

①
미투 운동은
국민인권운동

　'Me Too(나도 고발한다) 운동'은 자신이 겪었던 성희롱이
나 성추행을 사회관계망 서비스SNS에 해시태그(#MeToo)를
달고 고백하는 운동이다. 미국 할리우드의 유명한 영화 제
작자 하비 웨인스타인의 성추문 사건 이후 영화배우 알리
사 밀라노가 2017년 10월 15일 처음 제안하면서 시작되
었다. 우리나라는 2018년 1월 서지현 검사가 성추행 사건
을 JTBC에서 공개적으로 폭로한 것을 계기로 연예계, 정치
계, 종교계, 교육계 등으로 확산되고 있다.

　촛불처럼 번지는 미투 운동은 가부장적인 남성 중심의
성차별 역사에서 완전히 벗어나 성평등의 새 시대를 열어가

는 강력한 힘을 발휘하고 있기에 본인도 'With You' 운동을 적극 지지한다. 조직사회에서 직책이나 부의 권력을 이용하여 약자를 대상으로 성희롱이나 성추행을 하는 인권침해는 하루속히 사라져야 한다.

미투 운동의 영향으로 남성들 사이에서는 '펜스룰Pence Rule'의 움직임이 있다는 언론보도를 접했다. 펜스 룰은 2002년 미국의 부통령인 마이크 펜스Mike Pence가 인터뷰에서 "한 방에서 아내 외에 다른 여성과는 함께 머무르지 않는다."고 한 말에서 유래한 용어이다. 요즈음 회사의 남성들 사이에서 '출장은 여성과 같이 가지 않는다', '회식자리에 여성은 가급적 배제하자'는 이야기가 농담 반 진담 반으로 퍼지고 있다. 미투 운동이 성차별 근절 운동이 아니라 오히려 성차별 조장 운동으로 변질되는 것은 아닌지 우려스럽다.

흑백논리와 대칭적 사고는 국가 발전의 걸림돌이다. 정치권의 진보와 보수의 끝없는 권력 다툼, 조직사회의 갑과 을의 불평등한 갈등관계, 가부장적 사회의 남성 우월주의는 대한민국의 고질적인 병폐이다. 이러한 병폐의 골이 깊어지면서 이제 남성과 여성 간의 갈등과 불협화음이라는 최악의 상황이 도래했다. 여혐 사이트인 일베와 남혐 사이트인 메갈리아, 미투 운동과 펜스 룰이 그렇다.

우리 교육자들이 많이 사용하는 용어인 '양성평등'이나 '성평등'에서의 평등이란 동등하게 같아야 한다는 동일함sameness이라기보다는 다름이나 차이를 인정하는 공평함fairness으로 보아야 한다(정희진, 《양성평등에 반대한다》, 47쪽). 상대적 평등이나 인권 존중의 본질은 인간 개개인의 다양성을 존중하며 다름과 차이를 인정하는 것이다.

페미니즘 운동 역시 남성과 여성을 이분법적 관점에서 대칭적으로 구분하고, 힘의 역학관계를 논하며 여성의 지위를 높이려는 운동이 아니고, 남성과 여성의 다름과 차이를 인정하고 차별해서는 안 된다는 인권친화적인 젠더문화를 정착하려는 운동이다.

우리 사회에 소통과 화합의 인권친화적인 정치문화가 조성되지 않으면 차별 없는 평화로운 조직문화는 절대로 기대할 수 없다. 그래서 나는 미투 운동이 국민인권운동의 계기가 되기를 바란다.

| 양성평등과 성평등의 개념 구분 |

대한민국은 2015년에 여성발전기본법을 개명하여 양성평등기본법을 공표하였다. 이 법의 제3조에는 '성별에 따른 차별, 편견, 비하 및 폭력 없이 인권을 동등하게 보장받고 모든 영역에 동등하게 참여하고 대우받는 것'이 양성평등이라고 정의되어 있다. 이 법에 따라서 우리 교육자들은 양성평등이라는 용어를 자주 사용한다. 그러나 1995년 북경 제4차 세계여성회의 GO(정부기구)회의에서 성별에 대한 영문 표기를 섹스Sex 대신 젠더Gender를 사용하기로 결정한 이후, 우리나라의 양성평등은 영문으로 'Gender equality(성평등)'로 표기한다. 여성가족부의 공식 영어 명칭도 'Ministry of Gender Equality & Family'이다. 그래서 일반인들은 '양성평등'과 '성평등'을 같은 의미로 사용하고 있다.

그렇지만 최근에는 동성애 반대단체, 여성단체, 인권단체 및 성소수자 단체에서 성별에 관한 관점을 달리하면서 양성평등과 성평등의 용어를 완전히 구분하여 사용하고 있다. 이에 양성평등과 성평등의 관점이 어떻게 다르고 쟁점 사항은 무엇인지 소개한다.

	양성평등	성평등
성별 구분 관점	- 성 역할: sex role - 여자와 남자의 성별 구분은 생물학적(생식기능)으로만 의미 있음 - 남자와 여자는 각 역할에 맞게 건강한 가정을 꾸려 사회의 근간을 이뤄야 함	- 성 역할: gender role - 남자/여자는 남성성/여성성과 일치하지 않음 - 성별 체제는 사회적 제도이며 성별 사회화를 통해 성별 규범을 습득

쟁점 사항	- 성평등은 법률 근거 없음 - 성평등 용어는 다양한 성정체성 (젠더 다양성, 성소수자)을 인정하는 개념이므로 반대 - 성평등을 인정하면 동성애를 비 롯한 성소수자가 많아지고 성도 덕 관념이 무너지게 된다고 주장	- 양성 개념은 이분법적으로 남성과 여성을 구분하여 대립적 구도 조장 - 양성 개념은 성역할 고정관념을 강 화하고 성차별을 정당화함 - 양성평등을 주장하면 남성 간 차이, 여성 간 차이를 드러내기 어렵게 함 - 양성 개념은 성별 권력관계를 대칭 으로 위장하여 사회적 불평등 은폐
관련 단체	- 반동성애 단체	- 여성단체, 인권단체, 성소수자 단체

2

페미니즘은
반남성주의일까?

2018년 1월 서지현 검사의 용기 있는 성추행 폭로를 계기로 미투 운동이 연예계, 정치계, 종교계, 교육계로 확산되고 있다. 교육계는 #School_MeToo라는 용어로 학생들이 선생님을 대상으로 신고 또는 고발을 하고 있다. Y여자고등학교의 창문에 'I CAN Do, MeToo'라는 대형 글자가 붙여졌고, S중학교의 게시판에는 '페미니즘 운동에 동조한다'는 공고문이 게시되는 등 성희롱, 성추행 그리고 성차별을 응징하자는 운동이 전국적으로 거세게 일어나고 있다. 가히 제2의 촛불혁명이라 할 수 있다.

요즘 성평등을 주장하는 페미니즘 운동은 대학을 중심

으로 들불처럼 퍼져나가고 있다. 페미니즘 운동은 1970년 대 후반 대학에서 여성학이 개설되고 1983년 한국 최초로 여성의 전화가 창립되었던 1980년 전후에 시작되었던 운동이었으나, 그동안 정치사회적 이슈로 드러나지 않다가 최근에 미투 운동의 영향으로 다시 고개를 들기 시작했다.

여성주의라 일컫는 페미니즘은 18세기 영국과 미국에서부터 시작된 운동으로 여성도 남성과 동등한 권리를 보장받고 부당한 대우를 받지 않아야 한다는 운동이다. 흑인 페미니즘 작가인 미국의 벨 훅스Bell Hooks는 페미니즘을 '성차별주의와 그에 근거한 착취와 억압을 끝내려는 운동'이라고 간단명료하게 정의한다. 그렇다. 페미니즘은 성적 차이sexual difference가 역사적으로 또는 문화적으로 남녀 간의 차별을 어떻게 만들어 왔는지를 분석하고 알리는 운동으로 시작하였다.

21세기의 페미니즘은 젠더의 개념이 강조되면서 여성 억압과 차별을 생물학적 특성에서 비롯된 것이 아니고 가부장적 제도, 남성 중심 사회 등 사회문화적인 요인에서 찾는다. 페미니즘 운동의 정체성을 이해하기 위하여 이화여대 곽삼근 교수 외 5명이 쓴 책《일상의 여성학》에 제시된 페미니즘의 철학적 기반을 일부 소개한다.

첫째, 페미니즘은 여성의 타자화를 거부한다. 여성은 늘 누구의 딸, 누구의 아내, 누구의 어머니와 같이 개인으로서의 자신을 드러내기보다는 다른 남성과의 관련성으로만 인식된다. 즉 남성은 늘 행위와 의지의 주체이며 개별적 인격이 있는 존재로서 자아감을 갖는 반면, 여성은 남성과의 차이를 통해 정의되는 존재로 규정된다는 것이다. 페미니즘은 이렇게 여성이 주체가 되지 못하고 타자로 인식돼 온 것에 대한 비판을 수행한다.

둘째, 페미니즘은 성차가 위계적 차별로 인식되는 것을 비판한다. 항상 여자들의 속성은 남성들이 자신을 표현하거나 동일시하고 싶어 하는 대상과 반대의 성격을 지닌 것들로 정의되어 왔다. 예를 들어 힘과 생명, 에너지의 상징인 태양이 남성적인 것으로 규정되면, 반대로 어둡고 차갑고 음성적인 달의 이미지는 여성과 비유된다. 이러한 불평등한 상징성은 실제의 삶에서 위계적 질서를 수반하여 여성을 비하하고 여성의 사회적 공헌을 보이지 않게 해서 남성 중심적인 질서를 정당화한다.

셋째, 페미니즘은 여성 경험의 주변화를 거부하며, 여성의 자기긍정성을 확대시킨다. 페미니즘 운동은 여성의 경험을 재해석하고 여성의 역사를 복원하여 주변화된 여성의 문화를 중심으로 끌어올리고 있다. 1980대 이후의 페미니즘은 여성과 남성의 차이를 기반으로 한 억압뿐만 아니라 여성들 간의 차이에 관심을 갖게 되면서 계급, 인종, 국적, 세대, 종교 등 다른 사회적 차별화의 기제와의 관련성을 통해 여성들의 다양한 억압 경험을 연구한다. 페미니즘 인식론은 여성들뿐 아니라 다른 억압을 경험하고 있는 사람들과 연대하여 가부장제도, 이성애 중심주의, 인종주의, 경제 제일주의 등에 저항한다.

'이제 여성상위 시대인데 무슨 여성운동이야?', '페미니스트들은 반남성주의자이거나 남성혐오자들이야', 심지어 '꼴페미들은 여성미가 없고 재수 없어'라는 식으로 페미니즘에 대한 무관심과 페미니스트에 대한 부정적인 관점을 갖고 있는 사람들이 의외로 너무 많다. 이러한 상황을 방치하면 일베, 메갈리아나 워마드 같은 혐오 사이트가 난무할 것이고, 일상생활에서 남녀 간의 갈등과 폭력은 사라지지 않을 것이다.

우리 국민들은 페미니즘의 속성을 정확히 이해할 필요가 있다. 페미니즘 운동을 단순하게 여성이 임금과 지위, 육아와 가사 등에 있어 남성과 동등한 대우를 받고자 하는 권익

운동으로만 생각해서는 안 된다. 다시 말해서 여성과 남성이라는 이분법적 사고를 갖고 권력의 역학관계에서 생기는 여성에 대한 부당한 대우를 반대하는 운동으로만 보아서는 곤란하다. 페미니즘 운동은 가부장적 사회의 성차별주의로 인하여 생기는 차별과 억압의 폭력문화를 인권적 차원에서 바로잡으려는 성신운동이나.

페미니즘 운동을 다른 말로 환언하면, 인권옹호적인 사회를 만드는 국민운동이다. 가정과 학교는 가부장적인 지배와 종속의 권력관계를 지양하고, 상호존중과 소통의 관계를 만들어가는 관계 혁신에 지혜를 모아야 한다.

페미니즘 운동은 인간공동체에서 삶을 성찰하고 행복한 삶을 지향하려는 운동으로 계속 진화해가는 인권운동이다. 그래서 페미니즘에 관한 개념 정의는 복잡하고 다양하다. 그러나 분명한 것은 '차별 없는 세상, 폭력 없는 세상'을 만들어야 한다는 당위성에는 아무도 이의를 제기하지 않는다는 것이다. 그런 점에서 본인도 페미니즘 운동을 적극 지지한다.

| 성역할 사회화의 주요 원인 |

성역할 사회화 이론은 지그문트 프로이트, 칼 구스타브 융의 정신분석이론, 장 피아제, 로렌스 콜버그의 인지발달이론, 앨버트 반두라의 사회학습이론 등을 토대로 한다. 관찰학습, 대리학습, 모델링의 논리로 성역할 사회화를 설명하는 사회학습이론에 바탕을 두고, 성역할 사회화의 주요 요인으로 꼽히는 부모, 유아그림책, 학교 교육과정, 대중매체에 대해 생각해 보자.

1. 부모

- 일반적으로 가정의 부모는 자신의 사회화된 성역할 고정관념을 자연스럽게 자녀의 성별에 따라 각각 다른 기대와 요구를 하게 된다.
- 아버지는 어머니보다 더 적극적으로 전통적인 성역할을 자녀에게 전달하는 경향이 있다. 아들이 여성적인 행동을 하면 어머니보다 더 야단칠 뿐만 아니라 딸에게는 남성과 상호작용하는 여성적인 태도를 가르치려고 애쓴다.

2. 유아그림책

- 여자는 의존적이고 수동적이며 복종적이고 다른 사람을 섬기는 반면에, 남자는 독립적이고 능동적이며 경쟁적으로 다른 사람을 이끌고 가는 것으로 묘사됨.
- 남자는 원기왕성하고 활동적으로 표현되면서 다양한 직업 분야에서 적극적으로 역할을 수행하고 있는 것으로 묘사되는 반면, 가사일과 자녀양육은 여자만의 일로 묘사되고 있음.

3. 학교 교육과정

- 성차별의 사회화는 표면적인 교육과정보다 잠재적 교육과정(학급 및 학생
회 활동, 동아리 활동, 생활지도 등)에서 전통적인 성역할 규범이 학생들의 역할
배분과 선택에 주요하게 영향을 미침.

[참고] 2011년 제49차 유엔여성차별철폐위원회 권고 : "여학생들의 교육에
차별적인 장벽을 형성하는 가부장적인 태도와 성역할 고정관념을 극복하기
위한 노력으로 교사에 대한 성인지 훈련을 도입하기 위한 조치를 제도화하라."

4. 대중매체

- 만화, 게임, 연속극, 영화 등의 대중매체는 성역할에 대한 반복적 노출로
학생들의 가치관 및 태도 형성에 막대한 영향을 미치고 있음.
- 여성은 소극적이고 의존적이며 쉽게 흥분하고 수다스럽고 결단력과 문제
해결력이 약한 것으로 그려지고, 남성은 지혜롭고 용감하고 지도적이며 문
제해결능력을 지니지만 고집이 센 것으로 묘사되는 경향은 상당히 획일적
이고 전형적인 성역할임.
- 등장인물의 대사나 복장을 통해 여성은 소유, 흥정의 대상물이며, 눈요기
의 대상이고 빼어난 외모로 남성을 유인할 수 있는 존재로 묘사하여 왜곡
된 성역할관을 심어 주고 있음.

* 위의 내용은 책 《일상의 여성학》(67쪽~88쪽)에서 일부 발췌한 것입니다.

우리 안의
성차별 의식을 깨자

　현재 심각한 사회 문제로 국민적 관심이 집중되고 있는 데이트폭력, 가정폭력, 성폭력, 미투 운동 등이 우리 사회의 성차별적인 문화에서 비롯되었음을 부인하기 어렵다. 국민의 성차별 의식이 성평등 의식으로 바뀌어야 폭력 없는 평화로운 사회를 만들 수 있다.

　우리 교육자들은 학생들에게 성평등교육을 하기에 앞서 성차별 의식이 자신도 모르게 내면화되어 고정관념으로 형성된 근본적 원인들이 무엇인지 교육할 필요가 있다. 그런 이유로 성차별 사회화의 문화적 배경을 먼저 생각해 보자.

　첫째, 남성 중심의 가부장적인 가족제도이다. 우리 국민은 유교문화로 형성된 가장적 가족제도로 인하여 남성성과 여성성의 특성과 역할에 대한 성 고정관념이 내면화되었다. 대한민국은 호주제도가 폐지된 2005년까지 남자는 가계의 전통을 이어가야 할 가문의 기둥이며, 여자는 출가외인이라는 남존여비사상과 성차별 의식이 우리의 삶에 견고히 뿌리 내려져 있다.

둘째, 대중문화의 성 고정관념 의식화이다. 영화, 비디오, 광고, 게임, 만화 등의 대중문화가 우리의 삶에 깊숙이 침투되면서 고정된 성역할을 내면화하였다. 삶의 일부가 되어버린 대중매체는 예나 지금이나 남성성은 지배, 강인함, 능동성으로, 여성성은 종속, 연약함, 수동성으로 묘사하면서 성 고정관념을 의식화시키고 있다. 그러한 대중문화의 분별없는 이분법적 성역할 표현은 성평등 문화를 만드는 데에 큰 걸림돌로 작용하고 있다.

셋째, 약자와 소수자의 인권에 대한 무관심이다. 그동안 일상생활에서 성차별적인 문제가 발생하여도 개인이나 소수 집단의 문제로 간주, 인권침해 차원에서 적극적으로 다루지 않았던 관행이 지속되었다. 특히 권력형 조직사회에서는 일반인의 연대와 사회 참여는 기대하기 어려운 구조여서 약자와 소수자가 불만이나 권익을 위한 목소리를 내어도 다수자의 방관과 무관심으로 성차별 문제는 공론화되지 못하였다.

그동안 직장 내 성희롱, 여성의 승진 및 임금 차별 등 성차별적인 문제들은 학교 밖의 사회문화적인 문제로 여겨왔으나 지금은 상황이 달라졌다. 2012년 학교폭력 근절 종합대책이 발표되고, 이어서 가정폭력법과 성폭력법이 강화되고 스쿨 미투와 페미니즘 운동이 확산되면서 중고등학교에도 성폭력, 성차별 사안이 학교의 현안으로 등장하였다.

학교에서 일어나는 성희롱, 성추행은 성폭력으로 학교폭력법, 아동복지법, 형법으로 처리하고 있으나 성 고정관념으로 인한 성차별은 인권침해적인 차원에서 다루고 있어 교육적인 차원에서 해결해 나가야 할 문제이다.

학교 행사에 여학생만을 꽃을 달아주는 꽃순이로 동원한다든지, 학급의 출석부에 남학생을 앞쪽으로 여학생을 뒤쪽으로 순서를 정한다든지, 무거운 물건 나르기나 힘든 청소를 남학생만 시킨다든지 하는 행위는 이미 성차별이란 인식으로 사라진 관행이지만 아직도 일부 교직원들은 '남자는~, 여자는~', '남자답게~, 여자답게~'라는 말투를 은연중에 사용하고 있다. 이러한 말투에 대해서 이제는 학생들이 성차별이라고 문제제기를 하고 있다.

선생님들이 성차별 사회화의 문제점에 대하여 심도 있는 성찰을 바탕으로 학교에서의 학생 대상 성평등교육의 방향성과 전략을 구체적으로 고민하고 연구하여야 할 때다.

| 상대적 평등 |

대한민국 헌법 제11조 1항에는 "모든 국민은 법 앞에서 평등하다. 누구든지 성별·종교 또는 사회적 신분에 의하여 정치적·경제적·사회적·문화적 생활의 모든 영역에 있어서 차별을 받지 아니한다."라고 평등을 인간의 존엄과 가치를 위하여 보장받아야 할 기본권임을 밝히고 있다. 그러나 법에 명시된 평등은 일체의 차별적 대우를 인정하지 않는 절대적 평등이 아니라, 법을 만들고 적용함에 있어 정당한 근거가 없는 차별은 금지하는 상대적 평등이다.

상대적 평등은 모든 인간이 인간으로서 존엄과 가치를 가진다는 점에서 평등하되, 각자 처해진 구체적 상황에 따라 서로 다른 대우를 받을 수 있음을 의미한다. 따라서 상대적 평등은 구체적인 조건과 상황에 비추어 두 사람이나 두 집단을 비교하여 동일한 것으로 평가되면 같은 대우를 하고, 서로 다른 것으로 평가되면 다른 대우를 하게 된다는 것을 의미한다.

법에서 보장하는 기본권으로서의 평등권 침해 여부는 합리적인 차별인지 아닌지의 여부에 의해 가려지고, 그 기준에 관해 헌법재판소는 과잉 금지의 원칙인 목적의 정당성, 수단의 적정성, 피해의 최소성, 법익의 형평성을 적용하고 있다. 예를 들어 공무원 임용에서의 불평등을 해소하기 위해 여성채용목표제를 정하여 여성 응시자를 우대하는 것은 남성 중심 사회에서 보이지 않게 발생하는 승진 및 임금에서의 여성차별을 해소하려는 상대적 평등의 가치를 중시한 제도이다.

이렇게 구조적인 문제를 해결하고 근본적인 격차를 줄이기 위해서 도입된 제도를 적극적 차별시정조치affirmative action라고 하는데, 이러한 적극적 차별시정조치가 다름 아닌 '상대적 평등이자 실제적 평등'을 구현한 조치이다.

4

성소수자 학생 차별을 반대한다

성소수자는 성적 지향sexual orientation과 성별 정체성gender identity으로 구분하여 판단한다. 성적 지향은 특정 성별의 상대에게 성적, 감정적 관심을 갖고 있는 상태(방향성)를 말하며 이성애, 동성애, 양성애, 무성애로 구분된다. 성별 정체성은 생물학적 성이 무엇이든 정신적으로 자신을 어떤 성으로 인식하는가를 말한다. 즉 성소수자의 개념은 성적 지향 측면에서는 이성애자가 아닌 동성애자, 양성애자, 무성애자이며, 성별 정체성 측면에서는 생물학적 성과 정신적 성이 다른 자로 트랜스젠더Transgender를 의미한다.

학교에서는 동성애, 양성애, 무성애의 성적 지향을 갖고 있는 학생들은 자신이 성소수자임을 인식하지 못하거나, 인식하고 있어도 커밍아웃(coming out, 드러내기)을 하지 않기 때문에 정확한 인원을 파악할 수 없다.

2015년에 서울시교육청에서 온라인 설문으로 학생인권 실태조사를 하였는데, 설문 결과에서 초중고등학교의 성소수자 학생 수의 비율은 0.5%로 산출되었다. 이 통계는 최소치에 불과하다. 2014년 국가인권위원회에서 성적 지향과 성별 정체성과 관련하여 조사한 성소수자 통계에 의하면 학생들의 98%는 자신이 성소수자임을 밝히지 않았다고 하니, 서울시교육청의 소수자 학생 수의 비율은 1% 정도까지 추산해 볼 수 있다.

서울학생인권조례 제28조(소수자 학생의 권리 보장)에 제시된 성소수자에 관하여 논의할 때, 성소수자를 동성애자와 동일시해서는 제대로 된 논의가 어려워진다. 왜냐하면 학교의 교직원들은 성소수자 학생을 동성애자뿐 아니라 트랜스젠더도 포함해서 생각해야 하기 때문이다.

동성애 반대단체에서는 학교의 성소수자 학생 차별 금지를 적극적으로 반대한다. 그들 주장의 요지는 '학교에서 성소수자 학생 차별은 하지 않아야겠지만, 차별 금지 교육을 하면, 결국 성소수자(동성애자)가 정상이며 비윤리적이지 않다는 교육을 하는 것과 마찬가지니, 성소수자 학생 차별

금지 활동은 아예 하지 말라는 것'이다. 성소수자 학생을 인정하는 것은 결국 동성애를 인정하는 꼴이 된다는 논리다. 심한 경우는 학생인권조례 폐지까지 주장한다.

본인은 성소수자 학생 차별 금지에 관해서 동성애 반대 단체의 주장과는 근본적으로 다른 입장에 있다.

첫째, 학교에서의 성소수자 학생 차별 금지는 선천적이든 후천적이든, 유전적이든 환경적이든 그 원인은 차치하고, 현재 성별 정체성으로 눈에 띄게 특이한 언행을 하는 학생에 대한 주변 학생들의 혐오나 차별을 금하기 위한 소수자 인권 존중 차원의 교육적 조치이다.

둘째, 학교는 성소수자 학생 차별 금지 조치와 성소수자 차별금지법 제정을 동일한 관점으로 생각하지 않는다. 학교의 차별 금지 활동은 학생들의 인권의식을 높이기 위한 인권교육이며, 성소수자 차별금지법 제정은 정부에서 정치사회적 현안으로 다루어야 할 국민적 설득과 합의가 필요한 사항이다. 다시 말해서 학교의 성소수자 학생 차별 금지 활동은 성소수자 차별금지법을 염두에 둔 의도된 교육활동은 아니다.

셋째, 학교에서는 성소수자 차별금지법 또는 동성 결혼합법화 등 법 제정 이전에는 성소수자가 정상이며 윤리적으로 문제가 없다는 내용을 주입하거나 교화하지 않는다. 다만, 학생들이 퀴어 축제, 동성 결혼 합법화 등 사회적 이슈에 대하여 찬반 입장을 나름대로 이해하고 공동체적 가치와 정의가 무엇인지 스스로 판단할 수 있는 토론수업은 교육적 차원에서 할 수 있다고 생각한다.

교육청과 학교는 학교에 성소수자 학생이 0.5%(약 4,700명)가 존재하며, 그들이 혐오나 차별 대상으로 고통받고 있음을 상기시켜야 한다. 그리고 학교는 학생들에게 '다름을 차이로 보아야지 차별을 해서는 안 된다'는 공동체적 가치와 정의를 가르칠 의무가 있음을 이해시켜야 한다.

또한 '동성애가 정상이고 비윤리적이지 않다는 교육을 해서는 안 된다'는 주장에 대하여 학교의 입장을 명확히 하여야 한다. 먼저 성소수자는 동성애자와 동일시할 수 있는 개념이 아니라는 용어의 정의를 분명히 한 후, 성소수자 학생 차별 금지는 성소수자의 인권침해를 방지하기 위한 인권교육이지, 사회적 이슈가 되고 있는 동성 결혼 합법화에 동조하는 입장을 반영한 이념교육을 하려는 것이 아님을 이해시켜야 한다.

학교라는 공교육기관에서 법적으로나 사회적으로 이슈가 되고 있는 퀴어 축제 등 동성애 문제를 학생들 스스로 판단하도록 토론수업은 할 수 있으나, 교사가 직접 개입하여 주입하고 교화하는 것은 바람직하지 않다고 생각한다.

학교에 최소 0.5%의 성소수자 학생이 존재한다. 그들을 대상으로 '정상이냐 비정상이냐, 윤리적이냐 비윤리적이냐'를 어떻게 교육할 수 있겠는가? 예를 들어 장애학생들을 앞에 놓고 '장애인들은 정상이냐 비정상이냐' 강의를 한다면, 어떤 일이 발생할까? 장애학생들은 자신을 정상이라고 생각하고 긍정적인 삶을 살아갈 권리가 있다. 그들을 대상으로 공개적으로 정상이냐 아니냐를 교육할 수 없는 것처럼, 성소수자 학생을 대상으로 정상이냐 아니냐를 교육할 수 없는 것이다.

학교에서는 성소수자 학생들이 혐오나 차별의 대상이 되지 않고 다른 학생들과 마찬가지로 행복한 학교생활을 할 수 있도록 적극적인 관심을 보이고 배려해야 한다. 관심과 배려 그것이 바로 성소수자 학생 차별 금지 활동인 것이다. 성소수자 학생도 다른 학생들과 마찬가지로 존중받으며 행복한 학교생활을 할 권리가 있기 때문이다.

| 소수자와 성소수자의 개념 |

소수자는 다수자와 어떤 관계인가? 건강한 사람이 사고로 장애인이 된다면 다수자의 지위에서 소수자로 바뀐다. 그런 점에서 소수자와 다수자는 상대적 관계이자 호환적 관계라 할 수 있다.

소수자의 세 가지 특성은 첫째, 신체적·문화적으로 차이를 보이며, 둘째, 갑과 을의 권력적 관계에서 을에 해당하며, 셋째, 차별대우를 받는다고 생각하는 집단에 속해 있다. 그래서 소수자란 '신체적 또는 문화적 특징 때문에 사회의 다른 성원들에게 차별을 받으면서 차별받는 집단에 속해 있다는 의식을 갖고 있는 사람들'을 일컫는다(박경태, 《인권과 소수자 이야기》, 20쪽). 소수자는 사람의 많고 적음이 아니라 편견과 차별의 여부로 구분하며, 사회적 약자와도 조금 다른 개념이다. 소수자와 달리 사회적 약자는 사회적으로 불리한 위치에 있지만 차별을 받지 않을 수도 있기 때문이다.

성소수자는 어떤 사람들인가? 성소수자란 '성적 지향과 성별 정체성에서 다수자와 다른 특성을 갖고 있는 사람들'을 말한다. 성소수자는 성적 지향 측면에서는 동성애, 양성애, 무성애이며, 성별 정체성 측면에서는 자신을 생물학적인 성과는 다른 성으로 인식하는 사람들이다. 이들은 LGBT 또는 퀴어Qeer라고 불린다. LGBT는 Lesbian(여성 동성애자), Gay(남성 동성애자), Bisexuality(양성애자), Transgender(육체적 성과 정신적 성을 다르게 인식하는 사람)의 이니셜이다. 참고로 서울시교육청의 학생인권조례 제28조(소수자 학생의 권리 보호) 1항에는 "교육감, 학교의 설립자·경영자, 학교의 장 및 교직원은 빈곤학생, 장애학생, 한부모가정 학생, 외국인 학생, 운동선수, 성소수자, 근로학생 등 소수자 학생이 그 특성에 따라 요청되는 권리를 적정하게 보장받을 수 있도록 하여야 한다."로 소수자 학생을 포괄적으로 명시하였다.

5

용기 있는 발언이
칼이 되지 않으려면

'파르헤지아Parrhesia'는 고대 그리스어로, '진실을 말하는 용기'이다. 그리고 정의롭고 진실하고 싶다는 생각으로 위험이나 불이익을 감수하고 소신 발언을 하는 사람을 '파르헤지아스트'라고 한다.

파르헤지아는 긍정성과 부정성을 갖고 있다. 권력관계나 권력구조에서 침묵하거나 아부하지 않고 진실을 말하고 문제제기를 하는 용기는 조직의 발전에 꼭 필요한 자질이자 역량이다. 흑백논리와 불통의 한국 사회에 대화와 소통이 활발한 참여민주주의가 정착되려면, 지배층의 권력에 의한 결정, 다수결로 밀어붙이는 결정, 조직의 관행적 결정 등을 제어하는 파르헤지아스트가 많아야 한다. 그렇지만 진실을 말하는 용기가 받아들이는 개인이나 집단의 입장에서 차별과 혐오의 감정을 갖게 한다면, 파르헤지아는 갈등과 불협화음을 야기하는 금기 행동일 뿐이다.

나카야마 겐은 《처음 읽는 푸코》에서 "파르헤지아는 자신이 위험해질 것을 알면서도 다자가 좋아하지 않을 사항을 숨김없이 직언하는 성질의 것이기에, 도덕적인 의미가 발생한다. 진리를 말하는 사람은 자신이 침묵하는 것을 참지 못하고 발언하는 것이며, 자신에게 진실하고 싶다는 도덕적 동기로 행해지는 경우가 많다."고 말하였다.

파르헤지아가 도덕적 의미를 발생하게 한다는 뜻은 화자와 청자의 관계성에서 생각해 보아야 한다. 화자가 진실성과 성실성을 갖고 용기 있게 소신 발언을 하였더라도 청자의 입장에서 도덕적이냐 아니냐가 결정된다. 청자는 수용할 수 있는 혁신적이며 용기 있는 발언인지, 수용할 수 없는 불쾌하고 혐오스러운 발언인지 쉽게 판단한다. 화자가 아무리 성실성을 갖고 말한다 할지라도 청자가 혐오발언이라고 느끼면 화자의 파르헤지아는 도덕성을 상실한 언어폭력으로 간주된다.

《차별 감정의 철학》의 저자 나카지마 요시미치는 "독일의 히틀러는 유대인을 지상에서 말살하는 것이 옳다는 신념을 갖고 자신의 소신을 국민에게 호소하였고, 생각을 실천에 옮겼다. (중략) 그는 정략적으로 유대인 말살을 계획한 것이 아니고, 진심으로 유대인은 모든 악의 근원이라고 생각하며 인권의식을 상실한 파르헤지아를 보여 주었다."고 말한다.

자신이 파르헤지아의 성향이 강하다고 생각하는 사람은 자신의 소신 발언이 받아들이는 타인이나 집단에 어떠한 영향을 줄 것인가 심사숙고해야 한다. 예를 들어 특수교육 학생이나 성소수자 학생 앞에서 '장애인과 성소수자는 비정상인이다'라고 공공연히 주장하는 파르헤지아는 어떤 반응을 일으킬까? 사회통념상 용인하기 어렵거나 검증되지 않은 사실에 근거한 소신 발언은 자칫 타인에게 당혹감이나 불쾌감을 넘어 헤이트 스피치hate speech가 될 수도 있다.

우리나라에서는 혐오표현, 일본에서는 혐오발언으로 일컫는 헤이트 스피치의 정확한 개념은 무엇인가? 헤이트 스피치는 단순히 증오를 나타내는 욕설이나 비난, 혐오감을 주는 일반적인 언어표현과는 달리, '국적, 인종, 종교, 성별, 성적 지향 등의 속성을 갖고 있는 소수자 집단이나 개인에게 그 속성을 이유로 가하는 차별 표현'이다.

증오범죄 연구자인 브라이언 레빈Brian Levin 교수는 '혐오표현은 그 자체가 언어적 폭력인 동시에 물리적 폭력을 유발한다는 점에서 단순한 표현을 넘어서는 위험성을 갖고 있다'고 하며, 혐오표현과 폭력과의 관계를 '편견, 편견에 의한 행위, 차별, 폭력, 제노사이드'의 5단계로 제시하고 이를 '증오의 피라미드Pyramid of Hate'라고 지칭하였다. 5단계에는 언어폭력적인 혐오표현hate speech과 유형력을 행사한 범죄로 처벌을 받아야 하는 증오범죄hate crime가 있다.

혐오표현은 엄연한 차별이다. 혐오표헌이 만연되어 있는 일본도 2016년 5월 24일에 '헤이트 스피치 방지법'을 제정하였다. 정식 명칭은 '본국(일본) 외 출신자에 대한 부당한 차별적 언동 해소를 위한 노력 추진에 관한 법률'이다. 우리나라도 유엔의 '모든 형태의 인종차별 철폐에 관한 국제협약(인종차별철폐조약)'과 '시민적·정치적 권리에 관한 국제조약(자유권규약)'에 의거, 혐오표현에 관한 구체적인 제재 내용이 담긴 차별금지법을 제정하고 인권교육 차원의 차별 금지 교육을 적극적으로 시행하여야 한다.

헤이트 스피치 방지법이 표현의 자유를 침해할 수 있다는 신중론이나 반대론이 제기될 수 있으나, 혐오표현은 영혼의 살인과 같은 것이므로 표현의 자유를 일부 제한하더라도 혐오와 차별로 고통받지 않는 행복한 사회를 만들어야 한다. 또한 우리 교육자들도 '입은 불행과 행복의 문口者禍福之門'이라는 진리를 명심하고 학생들을 대해야 할 것이다.

6

탈북학생 교육은
통일대비교육이다

2017년 교육부 통계에 의하면 국내에 거주하는 탈북민은 31,339명이다. 탈북학생은 전국에 2,538명이 재학 중이다. 초등학생이 1,027명, 중학생 726명, 고등학생이 785명이며, 탈북학생 중에 북한이 아닌 제3국 출생은 56.6%이다. 거주 지역은 2016년 통계로 보면 서울 625명, 경기 724명, 인천 234명, 경북 103명, 경남 111명의 순으로 전국에 분포되어 있다.

탈북민은 법률상으로 북한이탈주민이라고 하며 '북한에 주소, 직계가족, 배우자, 직장을 두고 있는 사람으로서 북한을 벗어난 후 외국 국적을 취득하지 아니한 사람'이다. 법리적으로는 탈북민의 자녀가 북한에서 태어나지 않고 제 3국에서 태어났다면, 탈북민은 아니다. 그러나 교육부에서는 만 18세 미만의 아동에 대한 교육권을 보장하기 위하여 제3국에서 태어난 자녀도 탈북학생 교육정책에 포함하여 지원을 하고 있다.

지금 초중고등학교에서는 늘어나는 탈북학생에 대한 교육을 고민하고 있다. 탈북학생의 특성에 적합한 교육이 어렵기 때문이다. 장기간 탈북학생을 지도하고 있는 인천 송천초등학교의 최은미 교감의 글을 참고하여 탈북학생들이 갖고 있는 특성을 열거해 본다.

첫째, 심리적 상처

탈북 과정에서 가족을 잃거나 북한에 남기고 온 슬픔과 괴로움, 탈북 후의 은둔생활에서의 불안과 인권침해, 부모 재혼과 가족 간의 대화 단절로 인한 외로움.

둘째, 학업의 어려움

언어의 차이와 문해 능력 부족, 학령과 학력의 차이, 장기간의 학습 공백, 생존·안전·소속감 문제가 해결되지 않은 상태에서의 학습 부담, 학교 교육과정의 현격한 차이, 지속적인 도움이 없는 상태에서의 진로 선택 고민.

셋째, 정체성 상실

한국인의 탈북민에 대한 부정적 정서와 거부감으로 출신을 숨기려는 마음, 그로 인하여 친구들과 어울리지 못하는 고립감, 사회문화적인 차이로 인한 학교 부적응.

탈북학생들의 특성을 생각하면, 특히 56.6%나 되는 제3국 태생의 탈북학생의 경우는 가정교육이 거의 부재한 상태이므로 정부의 손길이 절실한 상황임을 알 수 있다. 최은미 교감은 탈북학생이 재학 중인 학교의 교사들에게 심리적 상처 치유를 위한 심층상담, 커밍아웃의 협조자 역할, 지속적인 관심과 신뢰 형성, 기초학습 지도 및 개인별 특성에 따른 교육, 교우관계 향상을 위한 기회 제공, 개인의 능력을 고려한 진로진학지도, 탈북학생의 학부모 상담 및 학부모교육, 탈북학생과 일반학생의 통일교육 등의 필요성을 강조하였다.

2018년 4월 27일은 남과 북의 두 정상이 만나서 전쟁 종식과 완전한 핵 폐기를 선언하고 정전협정을 평화협정으로 합의한 역사적인 날이다. 온 국민이 꿈과 같은 남북의 만남을 영상으로 시청하며 감동과 설렘으로 기뻐하고 눈물을 흘리기도 하였다.

탈북학생 교육은 통일 대비를 위한 미래 준비교육이다.

정부는 다문화교육, 통일교육에 역점을 두어야 한다. 여러 정부 부처와 기관, 단체, 시설로 나뉘어져 있는 탈북민 지원 정책과 교육사업을 집중화 또는 협업화하여 체계적으로 추진할 필요가 있다.

서울의 경우 위탁형 대안학교는 39곳인데 그중에서 다문화교육 대안학교는 4곳이며, 이 중에 딘 두 학교만 탈북학생을 전담하는 대안학교이다. 정규 초중등교육과정에 적응하지 못하고 학교 밖 청소년이 되는 중도입국 다문화 학생의 학교 이탈 현상을 반드시 막아야 한다. 그 대안은 17개 시도교육청별로 학력 인정 대안학교 설립을 확대하고 운영을 전폭적으로 지원하는 것이다.

전국적인 현상이겠으나, 서울은 저출산 문제로 연 8만 명 정도의 학생 수가 줄어들고 있어 유휴교실이 계속 늘어난다. 이러한 학교의 빈 교실을 활용하여 특성화된 다문화 대안학교를 운영할 수 있는 정책과 제도가 도입되어야 한다. 아울러 대안학교 운영의 공공성 제고를 위하여 인건비 보조뿐만 아니라 교재 개발연구비, PC나 노트북 등 기자재, 학부모 교육비, 강사의 수당 현실화 등 실질적인 지원책도 마련되어야 한다. 그래야 질 높은 다문화교육이 이루어지고 모두가 행복한 다문화 사회를 만들어 갈 수 있다.

탈북학생을 포함한 다문화 학생은 다문화 사회를 선도할

꿈나무이자 글로벌 인재임을 간과해서는 안 된다. 통일의 시대, 글로벌 교육 시대를 열어가기 위해서는 이들을 위한 밀착형 교육을 어떻게 할 것인지 정부와 교육청 그리고 학교는 고민해야 한다.

7

모두가 행복한
다문화 사회를 위하여

2019년에 우리나라의 체류 외국인은 252만 명을 돌파하였다. 2006년에 91만 명이었는데 13년 만에 2.7배가 증가하였다. 이는 국제결혼 이주민과 외국인 근로자의 수가 급속히 늘어나고 있기 때문이다. 서울의 초중고등학교에 재학 중인 다문화가정 학생들도 1만 8천 명이 넘는다. 이제 대한민국은 국적, 민족, 인종 등이 다른 사람들이 서로의 문화적 차이를 인정하고 동등한 관계를 형성하면 살아가는 다문화 사회를 맞이했다.

다문화 사회를 언급할 때면 동화와 통합이라는 단어를 많이 사용한다. 동화assimilation는 소수자 집단이 고유한 특징을 상실하고 주류문화로 흡수되는 것으로 용광로 정책이라 하며, 통합integration은 소수자 집단이 고유성을 유지하면서 동시에 전체 구성원의 일부분이 되는 것으로 샐러드 정책이라고 한다. 동화는 연대성과 공공성을 중시하는 관점이라면, 통합은 개인과 소수를 집단보다 중시하는 관점이다.

우리나라는 소수의 권리와 특성을 존중하면서 공동체적 가치를 중시하는 통합적 다문화주의를 택하고 있다. 그렇지만 주류문화의 입장에서 개개의 소수문화에 대해 고유성이나 이질성을 지나치게 중시하면 부정적인 결과를 초래할 수도 있음을 간과해서는 안 된다. 왜냐하면 특정 범주로 구분되는 것을 원치 않는 소수자 집단에 다양성이란 미명하에 고정화된 정체성을 부여하면, 공동체적 유대성을 가로막거나 차별을 정당화하는 오류를 범할 수 있기 때문이다.

독일의 메르켈 수상은 어느 연설에서 "독일은 다문화주의 사회 건설에 완전히 실패했어요."라고 깜짝 고백을 했다. 이주자들의 임금 차별을 없애고 정주를 허락하는 등 평등하고 공정한 대우를 하였으나, 이주자를 '함께 사회를 이루는 시민'으로 인정하고 결합하고 융화하는 노력을 하지 않아 소수의 이주자만이 독일사회에 진출하여 성공하였고 대개는 자기문화 속에 고립되거나 격리된 채 살고 있다는 것이다. 따로따로 공존하는 '평행선 사회'를 만들었다는 자조적인 고백이다.

독일의 다문화 정책이 시사하는 바와 같이, 소수자들이 평등하게 교육받고 사회의 자산과 복지를 공정히 나누더라도 다수자와 소수자 사이에 교류와 협력, 연대와 융화가 없으면 다문화 사회라 부르기 어렵다. 이는 지연, 학연, 혈연의 인간관계를 중시하는 우리 사회의 고질적인 문제와 무관하지 않다.

국민 모두가 행복한 다문화 사회는 소통과 협력의 인간관계를 바탕으로 형성되는 인권친화적인 민주사회이다. 작금의 아동학대, 학교폭력, 성폭력, 소수자 차별, 직책과 돈의 갑질, 세대 및 지역 간의 갈등 등 부끄러운 사회적 현안이 근본적으로 해결되지 않는 한, 주류문화와 다양한 소수문화가 상호 조화를 이루며 공생하는 다문화 사회는 기대하기 어렵다.

예멘 난민 문제를
어떻게 볼 것인가

대한민국은 국내 체류 외국인이 252만 명, 해외 거주 동포가 750만 명이나 되는 다문화 사회이다. 또한 경제 규모가 세계 10위권인 국가로서 어려운 나라를 원조하는 ODA(공적개발지원)국가이자, 아시아 최초로 2013년 7월 1일 난민법을 공포하고 박해받는 외국인을 받아들이는 국가이다.

유엔난민기구 한국본부에 의하면, 2019년 4월까지 1,053명(인정율 3.5%)의 난민을 인정하였고, 난민 인정은 받지 못했으나 보호의 필요가 확인된 2,303명에게 인도적 지위를 부여하였다고 한다. 그런데 금년에 무사증 입국허가

지역인 제주도로 예멘 난민이 549명이나 들어오면서, 우리나라의 난민정책에 대한 국민의 찬반 여론이 들끓기 시작하였다. 난민 인정을 반대하는 청와대 국민청원이 무려 70만 명이 넘었었다.

정부는 현행법을 바탕으로 난민을 어느 정도 규모로 보호할 것인지, 난민 인정 철차를 어떻게 시스템화하고, 처우는 어느 정도 보장할 것인지, 국민청원에는 어떻게 답변할 것인지 깊은 고민에 빠져 있다. 이에 대해 국민의 한 사람이자, 교육자의 한 사람으로서 개인적인 정치적 견해를 피력하고자 한다.

첫째, 무엇보다 국민들의 불안과 불만을 해소해야 한다. 많은 국민들은 난민법이 존재했는지, 난민을 얼마나 인정했는지, 그들에게 주는 혜택은 무엇인지, 국내의 법질서에 어떠한 영향을 주는지 등 난민 정책에 대하여 정확히 알지 못한다. 그러므로 정부는 조속히 국민들에게 정확한 정보를 알리고 난민 관련 사회갈등을 해소하고 사회적 합의를 도출하는 노력을 해야 한다. 그리고 필요하면 난민 인정 절차 및 처우를 시행령이나 시행규칙으로 보완해야 한다.

둘째, 난민법 적용에 일관성이 있어야 한다. 지금은 글로벌 시민사회이다. 전 세계가 대한민국을 난민 수용 국가로 인정하고 있는데, 이슬람 국가라고 해서 예멘 난민만을 다

른 국가에서 온 난민 신청자들과 차별적으로 대우하면, 국
법인 '난민의 지위에 관한 협약'에 가입(1992년)한 국가로서
국제관계에서의 입지는 좁아지고 국가의 위상과 신뢰는 떨
어질 것이다.

셋째, 진정한 난민은 받아들여야 한다. 난민 심사를 철저
히 하여 인정, 불허를 명확히 구분하고, 난민으로 인정되면
체계적인 보호 및 관리 시스템을 가동해야 한다. 그들은 생
과 사의 갈림길에 놓인, 보호받아야 할 사람들이다.

36년간 일제 치하에서 인권이 처참히 유린되고, 1950년
6·25 전쟁부터 지금까지 남북분단의 아픔을 겪고 있는 우
리 국민은 어느 나라보다 역지사지하여 버림받은 이들을 포
용하고 보호하는 인류애 정신을 가져야 한다.

| 인권의 보편성과 특수성 |

우리 교육자들이 인권의 보편성에 대한 관점을 다시 한 번 성찰할 수 있는 기회를 갖기 위하여 네이버 〈지식백과〉에 게재된 '인권의 보편성과 특수성'의 일부 내용을 소개한다. 그리고 누구나 다양한 관점과 견해를 가질 수 있다는 전제하에 본인의 생각도 표명한다.

"인권의 내용과 실현의 정도는 어느 나라에서건 같아야 하는가? 이에 대해 '그렇다'고 하는 주장은 인권의 보편성을 전제로 한다. 그렇지 않고 인권의 내용이나 보장 정도는 국가의 사정에 따라 조금씩 차이가 있을 수밖에 없다는 반론이 있다. 인권의 특수성 또는 상대성을 전제로 하는 이 주장은 개별 국가의 사정에 따른 인권의 차이를 인정해야 한다는 것이다. 그 사정이란 개별 국가의 정치적·경제적·문화적 특성을 말한다."

"유엔의 창설 이후 국제인권운동은 인권의 보편성을 전제로 전개한 것이 사실이다. 지역, 인종, 종교나 기타 정치문화적 배경에 관계없이 인권 기준이 동일하게 적용되어야 한다는 근거는 충분하다. 인권의 사상적 배경이라 할 수 있는 자연법 사상에서 보더라도 그렇다. 하지만 다른 한편에서 보면 각국의 역사와 문화적 특수성을 전혀 외면할 수도 없다. 경제적 조건이나 능력, 정치적 사정을 완전히 무시하고 일률적인 내용과 기준을 강요할 수 없는 경우가 있다. (중략) 조약 유보를 허용하는 것도 개별 국가의 고유한 사정을 무시할 수 없는 현실 때문이기도 하다. 그러나 무엇보다도 국제인권법의 입장에서 보면 인권의 보편성은 반드시 전제되어야 한다. 인권의 보편성이 전제되지 않으면 국제인권법이 존재할 이유가 없기 때문이다."

본인도 위의 내용에 전적으로 동의한다. 인권의 보편성 1948년 세계인권 선언 이후 규약, 협약, 결의안 등 여러 국제인권법을 통하여 강조되어 왔다. 인권은 인간이라면 누구나 향유할 수 있는 기본적인 권리로서 특정 개인이나 집단만이 누릴 수 있는 권리도 아니고 양도될 수 있는 권리도 아니다. 그러므로 국가나 사회의 이익을 위하여 개인의 기본권이 제한되어야 한다는 논리나, 특정한 문화적·종교적인 이유로 소수자의 권리가 박탈되는 현실을 문화적 상대성이나 인권의 특수성으로 인정되어야 한다는 주장은 권력자들의 일방적인 지배논리일 뿐, 설득력이 없다.

3장

학교폭력 편

폭력 없는 안전한 학교 만들기

1
학교폭력 사안처리의 핵심은 관계 회복

학교폭력 예방 및 대책에 관한 법률(이하, 학교폭력법)이 개정되면서, 2019년 9월부터 경미한 학교폭력 사안은 학교장 종결처리를 하고 있으며, 2020년 3월부터는 경미하지 않은 폭력 사안은 교육지원청에 설치된 학교폭력대책심의위원회(이하, 심의위원회)에서 처리한다.

그동안 초중고등학교는 학교폭력 사안이 경미하든 아니든 학교에서 학교폭력대책자치위원회를 열어야만 했다. 그러나 이제 학교폭력이 발생해도 학교는 자치위원회를 열지 않아도 되므로 실제로 부담이 크게 줄었다고 할 수 있다. 학교장 종결처리와 교육지원청 주관 심의위원회 개최가 학교에 힘을 실어준 조치임에는 분명하나, 그러한 새로운 제도가 학교의 교육적 책무성을 더욱 강조하고 있다는 사실을 간과해서는 안 된다. 법 개정의 근본 취지는 학교폭력 사안처리 방법을 응보적·사법적 조치에서 회복적·교육적 조치로 전환하려는 교육의 본질과 학교의 역할을 강조하기 위함이다.

학교의 선생님들은 학교장 종결로 처리되든, 교육지원청의 심의위원회에서 결정한 조치이든, 관련 학생(피해학생과 가해학생) 대부분은 졸업할 때까지 학교에서 함께 생활해야 하므로 상호 간의 관계 회복이 무엇보다 중요함을 인식하여야 한다.

이제 초중고등학교는 학교폭력 사안처리의 패러다임을 바꾸어야 한다. 크게 2가지 시스템이 충실히 가동되어야 한다. 하나는 학교폭력 전담기구의 활동이며, 다른 하나는 학교폭력 관련 학생에 대한 관계 회복 활동이다. 학교폭력 전담기구는 법에 명시된 학교폭력 예방활동에 역점을 두어야 하며 사안이 발생하였을 때는 세밀한 조사와 처리에 최선을 다하여야 한다. 그리고 학교 나름대로 구성한 관계 회복을 위한 상담기구는 부서 간 협력적 관계를 유지하면서 체계적이고 전문적인 상담 활동을 수행해야 한다.

학교는 변화하는 사회의 트렌드와 시대정신에 조응하는

교육을 하여야 한다. 학생은 교복 입은 시민이고, 학교는 시민사회이다. 선생님들은 학생을 보는 관점과 학생 생활교육 방법을 획기적으로 바꾸어야 한다. 문제행동의 유형을 정하여 벌점을 주고, 벌점이 누적되었을 때 선도위원회를 여는 상벌점제나 단속·징계의 징벌적 생활지도 방식은 이제 구시대적인 교육방식이다. 문제행동을 하는 학생 지도는 시간은 소요되겠으나 학생 스스로 행동 변화를 할 수 있도록 대화·상담의 회복적 생활교육 방식으로 시도해야 한다.

경미한 학교폭력 사안은 학교의 자구노력으로 해결하도록 하고, 심각한 학교폭력 사안은 교육지원청이 전담하도록 학교폭력법이 개정된 것은 환영할 만한 일이다. 그러나 이러한 법 개정이 학교의 상담시스템 활성화와 소통과 토론문화 정착에 기여하는 계기가 되어야 할 것이다.

서울시중부교육청에서는 2020년 2월 초에 학교의 학교폭력 사안 관련 관계 회복 상담을 지원하기 위해서 교원을 대상으로 갈등조정전문가 양성과정을 개설하였다. 이러한 상담전문가 연수가 지속적으로 확대되어서 모든 선생님들이 수업뿐만 아니라 상담전문가로서의 역량을 발휘하기를 기대한다. 학교폭력 사안처리의 핵심과제는 관계 회복이다.

❷

학교 밖 폭력사안,
경찰이 전담해야

2018년 4월 4일 국회의원회관에서 국회의원들과 서울시교육청이 공동주관하는 〈학교폭력 사안처리 제도 개선〉 토론회가 열렸다. 국회의원들이 발의한 24건의 개정법률안과 서울시교육청의 사안처리 개선안 3건을 논의하기 위한 자리였다.

국회의원들이 제기한 법률개정안은 자치위원회의 학부모 비율 축소 및 전문가 비율 확대, 학교폭력 재심기관을 상급기관인 지자체나 교육청으로 이관, 회의록 이외의 진술서 등 학교폭력 관련 문서의 체계적 관리로 요약된다. 그리고 서울시교육청에서 제기한 개정안은 가·피해학생 간 관계 회복을 위한 갈등조정기간 운영, 공동자치위원회 사안 및 중대 사안 심의는 교육지원청에서 담당, 자치위원회의 심의 결과에 대한 재심절차의 일원화를 내용으로 한다.

국회의원들과 서울시교육청의 법 개정을 위한 논의는 학교의 선생님들에게 부과되는 학교폭력 사안처리의 과중한 업무와 스트레스를 줄이고 학교교육의 본질과 정체성을 회복하려는 노력이었다. 결국 2019.9.1. 학교폭력예방 및 대책에 관한 법률은 일부 개정되었다. 교육자들이 꼭 알아야 할 개정 항목 몇 가지를 소개한다.

첫째, 경미한 학교폭력 사안은 학교장 종결처리를 할 수 있다. 학생들이 장난하다 우발적으로 다툰 사안 등 폭력으로 보기 어려운 경우에 관계 회복을 위한 상담으로 종결처리를 한다는 것이다. 경미한 사안의 개념을 명확히 하기 위해서 법에 4가지로 설명되어 있다. 2주 이상 신체적·정신적 치료를 위한 진단서 발급이 아닌 경우, 재산상의 피해가 없거나 즉각 복구된 경우, 학교폭력이 지속적이지 않은 경우, 학교폭력에 대한 보복행위가 아닌 경우이다.

둘째, 학교폭력 사안은 교육지원청의 학교폭력대책심의위원회에서 처리한다는 것이다. 그동안에는 학교의 학교폭력대책자치위원회에서 학교폭력 사안을 처리하였는데 앞으로는 학교에서 위원회를 개최하지 않고 그 업무를 교육지원청이 전담하게 되므로 학교의 업무가 대폭 줄어들었다고 볼 수 있다. 교육지원청에 설치된 학교폭력대책심의위원회는 위원이 10명 이상 50명 이내로 구성되며, 학부모위원이 1/3 이상 위촉되었다.

셋째, 학교폭력 가해학생 조치인 1호(서면사과), 2호(접촉, 협박 및 보복행위 금지), 3호(학교에서의 봉사)는 학생부 기재를 유예한다. 2012년 이후 시행된 학교폭력 관련 학생부 기록은 개과천선의 기회를 차단하고 주홍글씨의 낙인 효과만을 준다는 강력한 여론을 반영한 것이다. 경미한 조치에 대해서는 학교의 교육적인 노력이 필요함을 강조한 것이다.

넷째, 학교에 설치되었던 학교폭력대책자치위원회를 폐지하는 대신에 학교폭력전담기구의 역할을 강화하였다. 전담기구에 학부모위원을 1/3 이상 위촉하도록 하고, 전담기구에서 학교폭력 사안을 학교장 종결처리를 할지 교육청으로 이관할지를 심의하도록 하였으며, 학교폭력 관련 조사결과 등 활동 결과를 보고하도록 하였다.

다섯째, 학교폭력 조치 결과에 대한 재심기관을 일원화하였다. 법 개정 이전에는 피해학생의 재심은 서울시의 학교폭력대책지역위원회, 가해학생 재심(전학 및 퇴학)은 서울시교육청 징계조정위원회에서 담당했는데, 법 개정 후에는 가·

피해학생 모두 재심을 서울시교육청의 행정심판으로 일원화하였다.

학교폭력법이 학교에 힘을 실어주는 방식으로 개선되었다지만, 학교폭력은 여전히 발생하고 있으며 심각한 상황이다. 교육부에서 2019학년도에 초등학교 4학년부터 고등학교 3학년까지의 재학생 약 410만명을 대상으로 제1차 학교폭력 실태조사를 시행한 결과를 보면, 학교폭력 피해학생이 초등학교 3.6%, 중학교 0.8%, 고등학교 0.4%이다. 피해유형은 언어폭력이 35.6%, 집단따돌림이 23.2%, 사이버괴롭힘이 8.9%, 스토킹이 8.7%이다. 유형별 발생 비율로는 언어폭력과 사이버폭력이 점점 증가 추세에 있다.

선생님들은 학교폭력 사안 1건에 대하여 20건에 달하는 업무 처리를 하고 있어 수업조차 하기 어려운 상황이다. 그런 이유로 어느 누구든 생활지도부 근무를 희망하지 않는다. 근무하다가 병가를 내는 일도 비일비재하다. 학교에서는 학교폭력을 예방하고 학교폭력 사안이 발생하지 않도록 다양한 노력을 하고 있지만, 여전히 선생님들은 학교폭력 사안으로 인한 업무 부담과 스트레스로 본연의 교육 활동에 전념하기 어렵고 육신은 소진되어 있다.

학교장을 오래 하였던 경험을 바탕으로 교육행정가들이 간과하고 있는 문제 하나를 밝히고자 한다. 〈학교폭력 예방 및 대책에 관한 법률)의 제2조에 학교폭력을 '학교 내외에서 학생을 대상으로 발생한 상해, 폭행, 감금, 협박, 약취·유인, 명예훼손·모욕, 공갈, 강요·강제적인 심부름 및 성폭력, 따돌림, 사이버따돌림, 정보통신망을 이용한 음란·폭력 정보 등에 의하여 신체·정신 또는 재산상의 피해를 수반한 행위'라고 정의하고 있다. 이 조문에 의히면 학교 밖에서 발생한 폭력사안도 학교폭력인 것이다. 이것이 바로 학교에서 가장 힘들어하는 문제이다.

선생님들은 휴일인 토요일이나 일요일, 또는 방학 중에 학교 밖에서 폭력사안이 발생하여도 가정에서의 휴식을 포기하고 출근해야 한다. 해외여행을 하고 있는 경우에는 조기귀국을 하여야 한다. 이렇게 학교 밖에서 생긴 폭력사안까지 선생님들이 책임을 져야 할까? 이것은 인권적인 관점으로 볼 때, 선생님들의 사생활 침해이자 행복추구권의 박탈이다.

교육선진국은 학교 밖에서 일어나는 폭력사안은 경찰이 전담한다. 학교 내에서 발생한 폭력사안도 경찰이 담당한다. 학교는 피해학생 보호를 위한 조치, 관계 회복, 유사 사안 예방 대책에 몰입한다. 학교폭력이든 성폭력이든 폭력은 엄연히 범죄행위이다. 우리나라도 학교 밖에서 벌어지는 폭력사안은 반드시 경찰이 전담하도록 하고, 처리 결과는 학교에 알리어 학교 차원의 교육적 훈육이 이루어지도록 하면

된다.

학교폭력은 국가적 차원에서 해결해야 할 문제이다. 범부처의 협력적인 공조체제가 필요하다. 정부와 국회에 제안한다. 학교폭력을 정의한 '학교 내외에서'의 문구를 '학교 내에서'로 바꾸고, 학교 밖 폭력사안은 경찰과 법원이 처리하도록 관련 법 개정을 촉구한다.

| 독일의 학교폭력 대응 |

독일의 헌법에는 모든 국민이 평생에 걸쳐 인성교육, 직업교육과 함께 정치교육을 받을 권리를 향유할 수 있다는 구절이 명시되어 있다. 그래서 독일은 유치원부터 우리나라의 민주시민교육에 해당하는 정치교육Politische Bildung을 철저히 한다. 정치교육은 다름 아닌 법질서의식과 인권의식을 함양하는 시민교육이다.

그러한 정치교육으로 독일의 학교에서는 심각한 폭력사안은 발생하지 않으며, 발생하였을 경우에는 학교라는 교육기관에서 폭력사안이 발생한 것은 전적으로 학교의 책임이라고 생각하여 다시는 유사한 일이 발생하지 않도록 학교 차원에서 조직적으로 철저히 대응한다.

대한민국과는 확연히 다른 독일 학교의 학교폭력 대응의 관점과 방법을 소개한다.

- 교사가 '학교폭력은 가해학생과 피해학생의 문제니 자신이 적극적으로 개입할 필요가 없다'고 생각한다면, 그 교사는 곧 학교를 떠나게 된다.
- 학교에 외부인이나 학부모가 무단으로 들어와 학생을 폭행한 사안이 발생했다면, 학교장은 옷을 벗어야 할 상황에 직면한다.
- 학생이 학교에서 심각한 폭행을 하였다면, 학교에서 범죄 행위가 발생한 것이므로 학교는 즉시 경찰에 신고한다. 경찰은 사안 해결을 위하여 적극 협조한다.
- 방과 후, 휴일, 방학 중에 발생한 학생 간 폭력 사안은 전적으로 경찰이

처리하고 그 결과만 해당학교로 통보한다.

- 경찰은 순찰 중에 학교에 가지 않고 거리를 배회하는 학교 밖 청소년을 목격하면 즉시 연행하여 학교를 떠난 이유를 자세히 확인하고 학교 또는 가정으로 보낸다.

- 상습적으로 무단결석을 하는 학생은 학교에서 경찰에 신고하고, 경찰은 방치한 부모에게 범칙금을 부과한다. 그래서 학교 밖 청소년은 거의 없다.

- 독일은 학교에서 학부모 대상 학교폭력 예방교육이나 인권보호 교육을 하게 되면 양쪽 부모 모두 반드시 동참해야 한다. 주교육법에 의거 불참 시 사유서를 제출해야 한다.

학교폭력 예방을 위한
정책 제안

그동안 정부와 학교의 노력으로 매년 학교폭력 사안은 조금씩 줄어들고 있으나, 여전히 언어폭력이나 사이버 폭력은 심각한 상황이다. 학교폭력을 예방하고 근절하기 위해서는 학교폭력의 원인과 유형에 따라 다양한 정책이 추진되어야 한다. 그리고 범정부 차원에서 학교의 교육활동을 체계적으로 지원하는 협력 시스템이 가동되어야 소기의 성과를 얻을 수 있다.

폭력 없는 안전한 행복학교를 만들기 위해서는 어떤 노력을 해야 하는지, 학교 차원에서 추진해야 할 당면 과제를 제1영역으로, 학교를 지원하는 유관기관인 정부 부처와 시도교육청이 담당해야 할 정책 과제를 제2영역으로 구분하여 제안한다.

제1영역인 학교 차원에서 추진할 학교의 당면 과제는 무엇이 있을까? 첫 번째가 모든 교직원이 동참하는 생활지도 시스템 구축이다. 학교에서는 관행적으로 학급을 담당하는 담임교사와 생활지도부 소속 교사들이 문제행동학생 관련 업무를 하고 있다. 그래서 모든 학교에서는 연말이 되면 담임 기피, 생활지도부 근무 회피 현상으로 심각한 고민에 빠진다. 학교별로 업무분석을 철저히 하여 선호부서나 기피부서가 생기지 않도록 조직 관리를 합리적으로 해야 한다.

두 번째는 상벌점제도의 개선이다. 본인이 근무했던 학교의 경우를 보면, 벌점을 주는 교사가 고작 30% 정도이고 나머지 교사들은 학생과의 갈등관계를 꺼려 벌점을 주지 않는다. 그리고 설문조사에 의하면 교사들의 79%가 상벌점제도에 문제가 있다고 응답하였다(서울초중등교육정책연구회, 2012년). 교사들이 부정적으로 보는 상벌점제도는 하루속히 개선되어야 한다. 단속, 적발, 징계의 관행을 지양하고 소통과 상담의 훈육문화가 조성되도록 학교의 교직원들은 지혜를 모아야 한다.

세 번째로 학교폭력 예방교육을 제대로 해야 한다. 학생들을 강당에 모아 놓고 하는 집체교육이나 방송실에서 방송으로 하는 교육은 효과가 없다. 가정통신문으로 하는 통신교육은 더욱 그렇다. 학교는 관행적으로 학부모 교육이나 교직원 교육을 유인물로 대신하는데 이러한 관행은 빨리 사라져야 한다.

학교폭력은 폭력행위가 학교에서 발생하기에 공교육기관인 학교가 일차적인 책임을 져야 한다. 학생 대상 교육은 수업에서 충실히 해야 하며, 학부모와 교직원 대상 교육은 사례 중심의 강의로 진행해야 한다.

네 번째, 학교폭력 관련 학생들 간의 관계 회복에 집중해야 한다. 학교폭력 사안처리가 종료된 이후에 가해학생은 기고만장한 기세로 학교생활을 하는데 피해학생은 오히려 주눅이 들어 전학을 생각한다면 학부모들은 어떻게 생각할까? 학교는 사안처리만 하는 행정기관이 아니라 인성교육을 하는 교육기관이다. 교사들은 학교폭력 사안이 발생하면, 관련 학생들 간의 관계 회복을 위한 노력을 충실히 하여 사안처리가 끝났을 때는 관련 학생들이 자존감을 갖고 정상적인 학교생활을 하도록 해야 한다. 그것이 바로 진정한 교육이다.

다섯 번째는 학생자치의 핵심인 학급회의의 정상화이다. 교육부의 자치활동 관련 설문조사 결과를 보고 깜짝 놀랐었다. 전국의 초중고등학교에서 학급회의를 하는 학교의 비

율이 41%(교육부, 2012년)라는 통계 때문이다. 초중등교육
법에 학생자치활동을 지원해야 한다는 문구가 명시되어 있
고, 시도교육청의 정책 과제에는 학생자치활동 활성화가 핵
심과제로 등장한 것이 수십 년이나 되었는데 아직도 학교에
서는 자치활동의 핵심인 학급회의를 하지 않거나 형식적으
로 한다는 것은 부끄러운 현실이다.

　지금도 여전히 대한민국의 고등학교는 학급회의를 거의
하지 않는다. 학급은 학생들의 삶이 있는 작은 사회이다. 학
생들이 차별이나 폭력 등 학급의 크고 작은 문제에 대하여
문제의식을 갖고 자발적으로 해결하려는 연대의식과 참여
의식을 가져야 한다. 그것이 민주시민 역량을 키우는 인성
교육이자 인권교육이다. 학교의 할 일 중에 가장 시급한 것
이 학급회의의 정상화이다.

　제2영역으로 학교를 지원하는 유관기관이 담당해야 할
정책 과제를 제안한다. 유관기관은 정부 부처와 시도교육청
으로 구분하고자 한다. 법의 제·개정이 필요한 정책 과제는
정부 부처가 담당해야 하고, 교육감 권한으로도 할 수 있는
정책 과제는 시도교육청이 담당할 수 있기 때문이다.

　먼저 정부 부처에 몇 가지 정책 제안을 한다. 첫째, 새내
기 학부모 대상 연수를 의무화해야 한다. 유초등학생의 교

육은 학교의 교사와 가정의 부모가 파트너십으로 진행되어야 한다. 자녀교육을 학교에만 맡겨서는 안 된다. 반쪽짜리 교육이다. 아울러 학교에서 마련한 학부모의 날에 어머니만 오시는 기이한 현상도 사라져야 한다.

독일에서는 유치원이나 초등학교에 자녀를 입학시킨 학부모는 일정 시간의 부모교육을 받고 부모 자격증을 받는다고 한다. 우리나라도 학부모의 가정교육 전문성을 높이기 위한 방안으로 새내기 학부모 대상 연수를 법으로 의무화해야 한다. 그래야만 심각한 학교폭력과 가정폭력을 근절할 수 있다.

둘째, 국가에서 관리하는 학교 밖 청소년 돌봄관리 시스템을 운영해야 한다. 통계에 의하면 학교 밖 청소년은 전국적으로 대략 38만 명이 넘는다. 학교에 재적하면서 장기적으로 무단결석을 하는 잠재적 학교 밖 청소년을 포함하면 그 숫자는 두세 배는 될 것으로 추측한다.

독일의 경우 학교에 있어야 할 학생이 학교 밖을 배회하면 즉시 연행하여 학교나 가정으로 보낸다. 만일에 조사과정에서 부모가 장기간 방치한 학생으로 판명되면 경찰에서 부모를 구속한다. 그리고 그 학생에게는 정부 차원에서 의식주와 직업교육을 제공한다. 그러니 학교 밖 청소년 문제는 발생하지 않는다. 대한민국 정부도 가정경제적인 어려움이나 가정폭력으로 고통받는 학생들을 위하여 국가가 책임지고 관리하는 돌봄관리시스템을 운영하여야 한다.

셋째, 가정의 학부모에게 자녀교육의 책무성을 부여해야 한다. 공교육기관인 학교교육에 힘을 실어 주기 위해서는 학부모의 자녀교육에 대한 책무성을 강화해야 한다. 정부에서는 학부모가 자녀문제로 학교로부터 면담 요청을 받거나, 학교에서 제공하는 학부모 연수나 학부모의 날 참석을 통보받았을 때, 반드시 참석하도록 법으로 규정할 필요가 있다. 선진국에서는 학부모가 학교를 방문해야 할 상황이 생기면 사업장에서 공가를 얻을 수 있다. 우리나라도 학부모의 자녀교육에 대한 책무성을 강화하기 위해서는 학부모의 학교 방문을 공식적으로 허용하는 법과 제도의 도입이 절실한 상황이다.

넷째, 심각한 교권침해 사안의 학교장 법원통고제 의무화이다. 학교에서 증가 추세에 있는 교권침해 사안을 살펴보면, 교권침해의 수위를 넘어 모욕, 협박, 명예훼손 등 교사의 인권을 침해한 사안들이 늘어나고 있다. 이렇게 심각한 교권침해 사안의 경우는 학부모의 비협조로 학교에서 교육적으로 처리하는 데에 한계가 있다. 따라서 심각한 교권침해인 경우는 현재 시행되고 있는 학교장 법원통고제를 의무화할 필요가 있다.

다섯 번째는 문제행동학생의 대안학교 의무입학제 도입이다. 현재 학교폭력법에서는 심각한 학교폭력에 가담한 학생은 피해학생 보호 차원에서 부모의 동의 없이 강제전학을 보낼 수 있다. 그러나 학교에서는 강제전학이 능사가 아님을 알고 있기에 위탁형 대안학교를 추천한다. 그러나 학생과 학부모의 거부로 대안학교 위탁은 대부분 무산된다. 문제행동학생이 정규학교에서 운영하기 어려운 대안교육 전문프로그램에 참여하도록 대안학교 의무입학을 법제화할 필요가 있다.

이어서 시도교육청에 몇 가지 정책 제안을 한다. 첫째, 학교 경영자들에게 인센티브 연수를 제공해야 한다. 폭력 없는 평화로운 학교 만들기는 학교 경영자의 관심과 열정 없이는 불가능하다. 그만큼 학교 경영자의 역할은 대단히 중요하다. 그러나 교육청에서는 학교에 자율성을 부여한다는 논리로 학교장 대상 학교폭력 예방이나 인권 연수는 교육청 방침 정도만 소개하는 1시간 이내의 연수로 끝마친다. 이렇게 관 주도형 연수는 대부분 시간에 쫓기는 연수이며 의례적인 연수가 대부분이다.

차별과 폭력 없는 인권친화적인 학교를 만드는 일은 학교문화를 혁신하는 일로 학교 경영자의 자발성과 전문성이 필요한 중차대한 과제이다. 학교 경영자들에게는 대기업의 최고경영자 연수처럼 60시간 이상의 인센티브 연수가 필요하다. 자발성은 전문성이 없는 상태에서는 기대하기 어렵다. 또한 학교 경영자의 개념에는 학교장 이외에 교감과 부장들도 포함시켜야 한다. 학교장 대상 연수만 제공하지 말고 교감과 부장들을 위한 연수도 확대해야 한다.

둘째, 교육지원청별로 학교폭력 사안처리 지원단을 운영해야 한다. 학교는 지금 학교폭력 사안으로 교육과정 운영에 어려움을 겪고 있다. 1건의 학교폭력 사안을 처리하기 위해서는 21가지 정도의 행정 처리를 해야 한다. 특히 사안이 중대한 경우 재심요구, 행정심판, 소송으로 이어져서 학교는 장시간 어려움을 겪게 된다.

여러 학교가 관련된 사안, 다수의 가해학생이 관련된 사안, 심각한 사안 등은 지역교육청에서 학교를 지원할 필요가 있다. 방법은 지역교육청별로 변호사, 경찰, 상담사, 인권조사관, 퇴직교원 등 전문가로 구성된 '(가칭)학교폭력 SOS 지원단'을 구성하고 학교에서 처리하기 어려운 사안에 한하여 학교를 지원하는 시스템을 운영하는 것이다.

셋째, 학교의 생활지도부장에게 인센티브를 주어야 한다. 초중고등학교의 생활지도부장은 학생의 학교생활 전반에서 발생하는 일탈행위나 문제행동에 대하여 법으로 구성된 학생선도위원회, 학교폭력대책자치위원회, 교권보호위원회, 성희롱심의위원회의 실무책임자이다. 이들은 다른 교사와 달리 거의 매일 학생 사안으로 업무 부담과 스트레스를 받고 있다. 모두가 기피하는 부서의 부장을 담당한다는 것은 그리 쉬운 선택은 아니다. 교육청은 이분들을 위한 교육청 차원의 인센티브 부여 방안을 연구해야 한다.

네 번째는 기간제 교사 및 초임교사에 대한 전문성 강화연수 제공이다. 서울시의 경우 초중고 교사수의 10.8%가 기간제 교사(서울시교육청, 2016년)이다. 교사 10명 중 1명이 정규교사가 아닌데 이들은 대부분 담임을 맡거나 생활지도부에서 근무한다. 학생을 교육한다는 입장에서는 정규직이든 비정규직이든 전문성이 높아야 한다.

학교에서 기간제 교사를 채용하면, 즉시 교육청에서 제공하는 15시간 정도의 직무연수를 받도록 해야 한다. 그리고 모든 학교에 한 학기 정도의 전문성 제고 멘토링 프로그램을 개발하도록 예산 지원을 하고, 기간제 교사나 초임교사를 대상으로 선배 교사들이 멘토링을 하는 자율연수 제도를 도입해야 한다.

폭력 없는 평화롭고 안전한 학교 만들기는 학교 조직문화를 혁신하는 운동으로 교육의 본질과 학교의 정체성을 확립하는 관점에서부터 출발하여야 한다. 그리고 정부 부처와 유관기관은 공교육기관인 초중고등학교의 자구노력에 힘을 실어 주는 방향으로 정책을 추진하되, 학교 지원 중심의 협력 시스템을 구축해야 한다. 이런 시스템이 구축되었을 때, 학교에는 인권 존중 문화가 조성되고, 학생들도 안전하고 행복한 학교생활을 할 수 있을 것이다.

인권교육이
최고의 해결책

학교폭력을 예방하는 최고의 방법은 다름 아닌 인권친화적인 학교문화를 조성하는 것이다. 인권이 존중되고 보호받는 학교는 어떻게 만들어야 하나? 정답은 학생을 대상으로 인권교육을 충실히 하는 것이다. 학년 단위의 집단교육, 사이버교육, 가정통신문이나 홍보물 게시 방식의 인권교육은 실효성이 없다. 인권교육은 정치사회적 이슈나 일상생활에서 발견되는 인권침해 사례 중에서 학생들에게 필요한 주제를 선정하여 토론수업으로 진행하여야 한다.

학교 인권교육 프로그램은 권리적 측면에서 개인의 존엄권, 평등권, 자유권, 안전권, 평화권, 행복권과 의무적 측면에서 타인의 권리 존중 및 공동체에 대한 의무를 다룬다.

학생을 대상으로 시행하는 인권교육은 '개인의 자유와 권리는 공동체의 의무와 책임을 준수할 때 누릴 수 있는 기본권이다'라는 인권의 양면성과 '나의 인권만큼 타인의 인권도 중요하다'는 인권의 상호성에 역점을 두고 교육할 필요가 있다. 그런 관점에서 인권의 양면성과 상호성을 강조하고 있는 국제법과 학생인권조례의 해당 조항을 소개한다.

1. 타인의 권리 존중에 대한 의무

– 세계인권선언 제30조: 어떤 권리와 자유도 다른 사람의 권리와 자유를 짓밟기 위해 사용할 수 없다. 어느 누구에게도 남의 권리를 파괴할 목적으로 자기 권리를 사용할 권리는 없다.

– 유엔아동권리협약 제13조: 아동은 표현할 권리를 가지나, 타인의 권리 존중 또는 명성 존중을 위해 이 권리의 행사는 일정한 제한을 받을 수 있다.

– 서울학생인권조례 제4조(책무) 5항: 학생은 인권을 학습하고 자신의 인권을 스스로 보호하며, 교사 및 다른 학생 등 다른 사람의 인권을 침해하여서는 아니 된다.

2. 공동체에 대한 의무

– 세계인권선언 제29조: 모든 사람은 자신의 인격이 자유롭고

완전하게 발전할 수 있는 공동체에 대하여 의무를 가진다.

- 유엔아동권리협약 제13조: 아동은 표현할 권리를 가지나, 국가안보, 공공질서, 공중보건, 도덕의 보호를 위해 이 권리의 행사는 일정한 제한을 받을 수 있다.

- 서울학생인권조례 제4조(책무) 6항: 학생은 학교의 교육에 협력하고 학생의 참여하에 정해진 학교 규범을 존중하여야 한다.

학교폭력은 자신의 권리와 욕구만 소중히 생각하고 타인의 권리와 욕구를 간과하는 조직문화에서 발생한다. 학교폭력대책자치위원회와 교권보호위원회가 자주 열리는 학교는 학생들의 인권의식이 매우 낮은 학교이다. 학교는 학생들을 대상으로 인권교육을 충실히 하여, 나의 인권만큼 동료학생과 선생님의 인권도 중요하다는 올바른 인권의식을 갖도록 해야 한다.

또한 사회적 존재로서의 개인에게는 사회공동체 구성원으로서의 공동체에 대한 의무가 주어진다. 학교라는 교육공동체에서 생활하는 학생 개개인은 교육 3주체가 만들어 놓은 학교규칙과 생활규범을 반드시 준수해야 할 의무가 있다. 따라서 학교는 학생 대상으로 나의 인권은 학교의 약속인 규칙과 규정을 준수하는 가운데 보장받을 수 있음을 교육해야 한다.

비례의 원칙(과잉 금지의 원칙)

초중고등학교에서는 학생생활규정을 제정하거나 개정할 때에, 학교의 질서 유지와 학생의 인성교육을 위한 목적일지라도 학생의 기본적 권리의 본질적 측면까지 제한해서는 안 된다.

예를 들어 상벌점제도로 인하여 벌점을 5~10점 정도 받거나, 선도위원회의 경징계인 교내봉사를 받은 학생은 규정에 의거 학생회 임원 선출에서 입후보 자격을 부여받지 못한다. 그런데 이 학생이 학교생활이 현저하게 좋아진 학생이라면 이 경우 어떻게 해야 할지 신중히 고민하여야 한다.

두발, 화장, 복장, 휴대폰 사용 등에 관한 교육공동체의 공론화, 열린 토론 및 합의 과정에서 반드시 염두에 두어야 할 비례의 원칙(과잉 금지의 원칙)을 소개한다.

1. 의의와 내용

헌법 제37조 제2항에서는 "국민의 모든 자유와 권리는 국가안전보장·질서유지 또는 공공복리를 위하여 필요한 경우에 한하여 법률로써 제한할 수 있으며, 제한하는 경우에도 자유와 권리의 본질적인 내용을 침해할 수 없다."라고 규정하고 있다. 이는 국민의 기본권을 제한하는 입법은 반드시 법률의 형식으로 정해야 한다는 규정이자 법률로 국민의 기본권을 제한하더라도 국가가 반드시 준수해야 할 한계를 선언한 것이다.

헌법 제37조 제2항에서 도출되는 비례의 원칙(과잉 금지의 원칙)에 따라 국민의 기본권을 제한하는 법률이 헌법적으로 정당화되려면 다음 네 가지 요건을 모두 갖추어야 한다. 이 기준에 어느 하나라도 어긋나는 입법은 위헌의 소지가 있다.

첫째, 목적의 정당성

국민의 기본권을 제한하는 입법의 목적은 헌법 및 법률의 체제상 그 정당성이 인정되어야 한다는 원칙으로서, 입법으로 규율하려는 사항이 헌법 제37조 제2항의 국가안전보장, 질서유지 또는 공공복리에 해당되는 사항이어야 한다.

둘째, 방법의 적정성(적절성)

국민의 기본권을 제한하는 입법의 목적 달성을 위한 방법은 효과적이고 적설해야 한다.

셋째, 피해의 최소성

기본권 제한의 조치가 입법 목적 달성을 위해 적절한 것이라도 보다 완화된 다른 수단이나 방법(대안)은 없는지를 모색함으로써 그 제한이 필요 최소한의 것이 되도록 해야 한다.

넷째, 법익의 균형성

입법에 의하여 보호하려는 공익과 침해되는 사익私益을 비교할 때, 보호되는 공익이 더 크거나 적어도 양자 간 균형이 유지되어야 한다.

2. 법령 입안·심사시 고려 사항

헌법재판소의 위헌 결정례 중 비례의 원칙 위반을 논거로 한 경우가 많은데, 특히 주로 문제가 되는 부분은 '피해의 최소성'과 '법익의 균형성'이다. 국민의 권익이 침해되더라도 의도하는 입법 목적이 정당하면 이를 쉽게 수긍하는 경우가 적지 않은데, 입법 목적이 정당하더라도 기본권 침해가 최소화되는 다른 방안은 없는지 항상 고민하는 자세가 필요하다.

예컨대 기본권의 행사 자체를 제한하는 규정이 있다면, 이보다 덜 제한적인 다른 대안을 검토해 보고, 그러한 대안에 의할 경우 입법 목적을 도저히 달성할 수 없을 때 비로소 그 다음 단계인 기본권 행사 자체에 대한 제한으로 나아가는 것이 바람직하다. 아울러 기본권을 제한하더라도 같은 상황에 있는 다른 경우와 비교하여 그 제한이 다른 경우와 균형을 잃지 않도록 유념해야 하며, 해당 기본권의 본질적 내용을 침해하는것은 아닌지 세심한 주의를 기울여야 한다.

특히 형벌이나 영업정지와 같은 행정제재 등을 규정할 때에 위반행위의 경중 등에 비추어 지나치게 가혹하거나, 다른 법률과의 체계에서 현저하게 균형을 잃지 않도록 해야 한다. 또한 기본권의 본질적 내용은 개별 기본권마다 달라질 수 있는데, 기본권이 형해화形骸化될 정도의 제한은 아닌지 살펴보아야 한다.

* 출처 : 정부입법지원센터

5

학교폭력 예방
ALARM 지도법

폭력 없는 평화로운 학교를 만들기 위해 학교의 선생님들은 학교폭력에 연루될 만한 문제행동을 자주 하는 학생에 대하여 지속적인 관심과 관리를 철저히 해야 한다. 최상의 관리 방법은 학교폭력 예방을 위한 상담이며 해당 학생과의 친밀한 관계 형성이다.

학교폭력 예방에 초점을 둔 '학교폭력 예방 ALARM 지도법'(차명호, 《생활지도를 위한 교사의 역할》, 10쪽~12쪽)을 소개한다. ALARM 지도법은 학급 내에서 담임 선생님이 집단 따돌림 등을 예방하기 위하여 평소에 실천해야 할 지도 방법으로, ALARM은 Ask, Listen, Acknowledge, Rebuild,

Maintain의 첫 글자를 조합한 약자이다.

• Ask(질문하기)

물어보라. 학교폭력에 대하여 조례나 종례 시에 학교폭력 피해에 대하여 물어본다는 것은 학교폭력이 범죄라는 사실을 인식시키고 피해학생에 대하여 도움을 주겠다는 메시지이다. 질문은 두려움에 떨거나 신고를 망설이는 학생에게 마음의 문을 열도록 하는 용기를 주게 된다. 교사의 가장 큰 역할 중의 하나는 학생들의 학교생활을 살피고 학교폭력 등의 어려움에 처한 학생을 발견하고 구제하는 일이다. 평소에 점심시간이나 쉬는 시간에 학급에서의 학생들의 활동과 교우관계 등에 관심을 갖고 이상행동을 보이는 학생에 대해서는 특별한 관심을 기울여야 한다.

• Listen(경청하기)

물어본 다음에는 반드시 들어주어야 한다. 물어보기만 하고 들어주지 않는 경우가 많다. 학생들은 이야기해야 소용없다는 생각, 오히려 문제가 커질 수 있다는 생각, 피해를 당하고 있는 사실이 부끄럽다는 생각 등으로 자신의 고충을 쉽게 털어놓지 못한다. 교사는 학생의 말 한 마디에 분위기를 리드하려는 의도에서 열 마디를 하려고 한다. 교사는 학생이 이야기한 내용을 파악하거나 설득하려는 노력보다는 들어주는 인내심을 가져야 한다. 듣는 과정에서 들은 것을 다시 한 번 말해 주는 앵무새 전법을 쓰는 것이 필요하다. 인정과 신뢰의 래포rapport를 형성하면서 말문을 열도록 맥락적 경청을 하여야 한다.

• Acknowledge(인정하기)

물어본 다음에는 솔직히 이야기해 준 것에 대하여 감사의 표시를 해야 한다. 그렇게 하면 학생은 존재 가치를 인정받고 있음을 느끼고 선생님이 자신의 문제를 신중하게 도와줄 거라는 신뢰감을 갖게 된다. 선생님의 감사 표현은 학생과의 소통 관계 형성의 시작이다.

• Rebuild(관계 형성하기)

감사의 마음을 표현한 다음에는 교사와 학생 간, 학생과 학생 간의 관계를 새롭게 정립해야 한다. 특히 학급의 동료는 서로 존중하는 관계로 지내야 하며, 향후 인생의 동반자로 함께 살아가야 하는 존재임을 인식시켜야 한다. 동료 간의 관계 형성은 친구의 의미, 우정, 공동체적 삶 등을 주제로 토론수업이나 학급회의를 하거나 교육과정에서 폭력예방 프로그램인 어울림프로그램을 운영하는 방식이 큰 효과가 있다.

• Maintain(관계 지속하기)

지속적으로 관심군 학생을 관리해야 한다. 학교폭력은 순식간에 발생하며 일회성이 아니라 지속성을 갖는다. 고위험군 학생, 보호대상 학생에 대한 끊임없는 관심, 소통, 배려의 끈을 놓지 않으면 학교폭력은 예방할 수 있다. 안전하고 평화로운 학급 만들기는 학교의 교직원이 모두 나서야 할 일이지만 그래도 학급을 운영하는 제2의 부모인 담임 선생님의 지속적인 노력이 가장 중요하다.

ALARM 지도법은 질문하고, 경청하고, 인정하고, 관계를 형성을 하고, 관계를 지속하는 아주 평범한 지도 방법이다. 그러나 지도법의 5개 과정 하나하나가 교사의 전문성을 요하는 상담기법이다. 상담은 이론보다는 경험에 의해 전문성이 높아진다. 선생님들께서 직접 학급에서 실천하면서 상담 노하우를 습득하기 바란다.

6

데이트폭력 예방을 위한 성평등교육의 필요성

요즈음 중고등학교에는 남녀학생 커플이 생각보다 많다. 그리고 대학에서나 볼 수 있는 남녀 애정표현이 자주 눈에 띈다. 허리를 껴안거나 볼에 뽀뽀를 하는 정도는 자주 볼 수 있는 장면이다. 문제는 중고등학교에서도 남녀 간의 데이트폭력이 자주 발생하고 있다는 사실이다. 젊은이들의 데이트폭력의 심각성을 살펴보고 교육적 과제를 생각해 보고자 한다.

데이트폭력dating violence은 남녀가 서로 교제하는 과정에서 어느 한쪽이 다른 한쪽에 대한 권력적 우위를 갖고 있을 때 발생한다. 미국의 관계폭력 각성센터The Center for Relationship

Abuse Awareness는 데이트폭력을 '현재 사귀고 있거나 예전에 사귀었던 상대를 강압하거나 조정하기 위해 사용되는 폭력이나 억압'이라고 정의한다. 이러한 데이트폭력은 협박, 성희롱, 성폭행, 신체폭력, 언어폭력, 정신적 폭력, 스토킹, 살인 등 다양한 형태로 나타난다.

대한민국은 데이트폭력이 심각한 수준에 있다. 경찰청 발표에 의하면 2010년부터 2015년 8월까지 최근 5년간 연인이나 헤어진 연인에게 살해당한 여성은 총 645명이다. 3일에 1명꼴로 살해당한 것이다(경향신문, 2015년 12월 25일 자 기사). 또한 서울시에서 서울 거주 여성 2천 명을 대상으로 데이트폭력 피해 조사를 한 결과에 의하면 10명 중 9명(88.5%)의 여성이 데이트폭력을 경험했다고 한다(허핑턴포스트, 2018년 1월 30일 자 기사).

서울시는 데이트폭력의 실태조사를 크게 4가지 유형인 행동통제, 언어·정서·경제적 폭력, 신체적 폭력, 성적 폭력으로 구분하여 조사하였다. 응답률이 높은 폭력만 살펴보면, 행동통제에서 '누구와 어디 있었는지 항상 확인' 62.4%(중복 응답), '옷차림 간섭 및 제한' 56.8%, 언어·정서·경제적 폭력에서 '화가 나서 발을 세게 구르거나 문을 세게 닫음' 42.5%, '안 좋은 일이 생기면 너 때문이야' 42.2%, 신체적 폭력에서 '팔목이나 목을 힘껏 움켜잡음'

35%, '심하게 때리거나 목을 조름' 14.3%, '폭행으로 병원 진료' 13.9%, 성적 폭력에서는 '원하지 않는 몸 만짐' 44.2%, '나의 의사와 관계없이 가슴과 성기 만짐' 41.2%, '성관계를 위하여 완력이나 흉기 사용' 14.7%였다.

데이트폭력이 범죄 행위임에도 불구하고 사회에 만연한 것은 데이트 중에 일어난 폭력은 남녀 간의 사적인 문제라는 그릇된 인식 때문이다. 형사법에 의하면 옷차림이나 화장 등 외모를 통제하고, 친구나 가족을 만나지 못하게 하고, 언제 어디서 누구를 만나는지 캐묻는 등 행동을 제약하는 것은 명백한 범죄 행위이다.

서로 좋아하고 사랑하는 관계에서는 집착과 소유의식이 생길 수 있으나 강요나 억압을 해서는 절대로 안 된다. 연인은 나의 소유물이 아니며 존중과 배려의 대상이다. 상대방을 '너는 내 것'이라는 소유물로 생각하면 간섭, 통제, 스트레스, 폭력이 뒤따르게 된다.

한국형사정책연구원에서 2016년에 발표한 보고서 〈여성 대상 폭력에 대한 연구: 친밀한 관계에서의 폭력을 중심으로〉에 따르면 전국 19세 이상의 여성과 남성 2천 명을 대상으로 조사한 데이트폭력 피해는 여성이 53.5%, 남성이 57%이다. 폭행이나 살인 등 심각한 폭력이 아닌 행동통제 등 친밀한 관계에서의 폭력을 포함하면, 피해율은 남녀가 비슷하다. 이러한 통계는 젊은 남녀 모두 데이트폭력과 관련한 교육이 필요함을 시사한다.

데이트폭력은 그대로 가정폭력으로 이어진다. 그 점을 간과해서는 안 된다. 데이트폭력에 시달리던 여성의 46.4%가 가해 상대와 결혼하였으며, 결혼 후에도 지속적으로 폭력을 당한다는 여성 비율이 17.4%나 된다(서울시, 2018년). 정부는 데이트폭력을 근절하기 위하여 한국판 '클레어법' 제정을 검토하고 있다. 영국처럼 연애하는 도중에 상대방의 전과 기록을 조회할 수 있는 법이다.

정부 차원에서의 데이트폭력 예방을 위한 법과 제도의 정비는 당연히 필요하겠지만, 공교육기관인 중고등학교에서 학생들이 가부장적 사회의 유물인 남성 중심 사고와 성차별적 언행을 버리고 남녀가 존중과 배려의 인격적인 교제를 할 수 있도록 성평등교육과 민주시민교육을 더욱 충실히 해야 한다.

| 성폭력의 개념 |

성폭력은 학교폭력법에서의 학교폭력(상해, 폭행, 감금, 협박, 약취·유인, 명예훼손·모욕, 공갈, 강요·강제적인 심부름, 성폭력, 따돌림 등)의 한 유형이며, 성희롱, 성추행, 성폭행을 모두 포함하는 개념이다. 성폭력의 범주에 속하는 성희롱, 성추행, 성폭행의 의미를 구체적으로 정리해 본다.

- 성희롱은 불순한 언행이나 언동으로 성적 수치심이나 모욕감을 유발할 수 있는 행위를 말한다. 직장 내의 성인 대상 성희롱은 형사처분 대상은 되지 않지만 민사상 손해배상 책임은 발생한다. 그러나 학교에서 18세 미만의 학생에 대한 교직원의 성희롱은 아동복지법에 의해 형사처분된다.
- 성추행은 신체 부위를 접촉하는 행위로 형사처분 대상이며, 일반적으로 형법상 강제추행죄를 말한다. 여기에는 공중밀집장소에서의 추행까지 포함된다. 예를 들어 엉덩이를 만진다거나 허벅지를 만지는 행위이다. 반드시 폭행 또는 협박이 있어야 하는 것은 아니며, 갑자기 다가와서 입을 맞추거나 가슴을 만지는 경우에도 추행에 해당된다. 본인의 의사에 반하여 성적 수치심을 유발할 수 있는 부분을 만지는 것이 추행이라고 보는 게 타당하다. 과거의 형법은 항문이나 음부에 손을 넣거나 도구를 이용한 경우, 구강에 성기를 넣는 행위도 성추행으로 간주하였으나, 2013년 6월 19일부터 시행한 신법에서는 이러한 행위는 추행이 아니라 유사강간으로 분류된다.
- 성폭행은 일상적 용어이고, 법률용어로는 강간이라고 한다. 여기에는 준강간, 강간, 강간치상, 업무상 위력에 의한 간음 등이 포함된다.

7

아동학대 근절을 위한
정책 제안

학교폭력 예방 관련 기관이나 단체는 학교폭력의 주원인을 학업 스트레스, 매스컴의 음란물과 게임, 부정적인 또래문화, 가정경제의 어려움 등으로 분류하고 있다. 그러나 학교에서 심각한 문제행동을 보이는 고위험군 학생들을 수년간 가르치고 상담하는 선생님들은 학교폭력의 근원적 원인은 가정의 붕괴된 교육력에 있다고 생각한다.

필자도 교장을 하면서 학교폭력으로 강제전학을 온 학생들이나 보호관찰을 받고 있는 학생을 4년간 전담하며 멘토역할을 한 경험이 있다. 수십 명의 학생을 대상으로 심층상담을 하였는데 부모가 이혼 또는 별거생활을 하는 경우가 많았다. 이런 학생들은 거의 대부분 가정에서 정서적 학대나 방임 학대를 받으면서 생활하고, 부정적인 정서를 갖고 있어 쉽게 학교폭력에 연루된다. 그러다가 학교폭력 사안이 생기면 학교를 떠난다. 현재 우리나라에는 가정에서 방치되고 학교는 다니지 않는 학교 밖 청소년이 대략 38만 명이나 된다.

가정폭력과 학교폭력을 별개로 생각해서는 안 된다. 그리고 학교폭력의 해결을 학교에만 주문해서도 안 된다. 이제는 가정 바로 세우기 운동Home Building Movement에 역점을 두어야 한다. 아이들은 집을 여인숙이라고 하며 부모와의 대화를 공지사항 대화, 찬스 대화라고 한다. 그들의 유일한 친구는 스마트폰이다. 그래서 청소년의 25% 이상이 스마트폰 중독에 걸려 있다는 통계도 있다.

2015년 OECD가 발간한 〈2015 삶의 질How's life?〉 보고서에 의하면 우리나라 아이들이 아빠와 보내는 시간이 하루 6분이라고 한다. 학부모의 날에 아버지가 학교에 오지 않는 나라는 유일하게 대한민국뿐이다.

우리나라는 OECD 국가 중에서 이혼율이 가장 높고 1인 또는 2인 가정이 급증하는 상황이다. 이런 추세라면 가정의 교육력은 더욱 저하될 것이고, 아동학대는 증가할 것이다. 18세 미만의 아동은 유엔아동권리협약, 헌법, 아동복지법, 교육기본법에 명시되어 있듯이 부모의 소유물이 아니라 존중받아야 할 인격체이다. 그래서 국가는 아동의 인권을 존중하고 보호해야 하며 교육과 복지를 책임져야 한다.

이제는 국가적 차원에서 무너진 가정의 교육력을 바로 세우는 데에 역점을 두어야 한다. 교육자의 한 사람으로서 결손가정의 부모에 의해 발생하는 심각한 아동학대를 근절할 수 있는 정책을 정부에 제안한다.

첫째, 예비부부 교육을 하자. 결혼신고를 할 때 예비부부 교육을 60시간 정도 이수했다는 이수증을 제출하도록 법제화하는 것이다. 결혼을 약속한 젊은이들이 원만한 결혼 생활과 자녀의 돌봄교육을 할 수 있는 기본적인 소양을 갖추도록 국가에서 서비스를 제공을 하자는 것이다. 그러면 아이를 낳기만 하고 제대로 키우지 못하는 안타까운 상황은 현저히 줄어들 것이다.

둘째, 새내기 학부모 교육을 하자. 유치원과 초등학교에 자녀를 입학 시키는 학부모는 의무적으로 평일 저녁 또는 토요일이나 일요일을 이용하여 학교 이해교육, 인권교육, 에니어그램, 커뮤니케이션 스킬, 감정코칭 등의 부모교육을 30시간 정도 이수하도록 한다. 이수하지 않으면 과태료를 내도록 하거나, 이수하기 전까지는 일정 기간 자녀 보육비나 급식비를 국가에서 유예하는 방안도 고려할 수 있다.

셋째, 학부모의 학교 의무 방문제를 도입하자. 학교에서 공식적으로 학부모의 날을 개최할 때, 또는 학생의 무단결석이나 학교폭력 등 심각한 문제행동에 대하여 부모 면담을 요구할 시, 학부모가 반드시 학교를 방문하도록 하는 제도를 만들자는 것이다. 현재 학교에서 학부모에게 상담을 요청하면 시간이 없다고 학교를 오지 않거나 올 수 없다고 한다. 오히려 학교에 책임을 돌리는 어처구니없는 상황도 발생한다.

선진국에서는 자녀의 문제로 학교를 방문해야 할 때는 사업장에서 공가를 얻을 수 있다고 한다. 우리나라도 단순 노무직이건 시간제 근로자이건 학교에서 요구하는 방문 요청에 반드시 응할 수 있도록 공식적인 휴가를 받도록 해야 한다. 그래야 학교와 가정이 함께 협력적으로 자녀교육을 하는 교육문화가 조성될 것이다.

넷째, 정부는 아동학대 근절을 위한 거버넌스governance를 구축해야 한다. 아이들이 행복한 가정을 만드는 일은 개개의 가정에만 맡길 수 없다. 가정의 자녀 양육과 교육을 위한 부모들의 능력에는 한계가 있기 때문에 정부가 나서야 한다. 크게 두 가지의 문제를 정부 부처에서 힘을 모아 해결해야 한다. 하나는 초등생 3명 중 1명이 방과 후에 홀로 방치되어 있다는 것(제3차 가족 실태조사서, 여성가족부)이며, 또하나는 학교 밖 청소년이 38만 명이나 된다는 것이다. 이 두 가지 문제가 해결되지 않으면 가정폭력도 학교폭력도 근본적으로 근절할 수 없다. 이 두 가지 문제의 해결은 국민행복시대를 지향하는 국가의 당면 과제이자 책무이다.

학교 밖 청소년 문제는 여러 기관, 단체, 시설에서 나름대로 많은 노력을 하고 있으나 줄어들지 않고 있다. 그 이유는 정보 공유와 관리 등의 공조체제가 구축되어 있지 않기 때문이다. 학교는 고위험군 학생 관리를 철저히 하여 공교육을 이탈하지 않도록 노력해야 하고, 어쩔 수 없는 원인으로 학교를 이탈한 경우에는 그 학생의 신변 안전과 돌봄교육을 위하여 정보관리 네트워크를 구축해야 한다.

경찰은 학교에 있어야 할 학생이 길거리나 공원을 배회하는 일이 없도록 하고, 그러한 학생을 목격하면 즉시 그 배회 원인을 찾아 학교나 집으로 보내는 지킴이Gate Keeper 역할을 충실히 해야 한다.

그리고 가정폭력으로 학생이 가출했을 경우, 학생을 격리·보호하고 그 부모를 구속 수사할 필요가 있다. 또한 구청이나 건강가정지원센터는 학교 밖 청소년의 가정에 대해 경제적 또는 교육적 지원을 해야 한다. 무직인 부모의 경우 일자리를 제공하고, 그 자녀는 직업교육을 시키는 등의 적극적인 복지정책을 강화해야 한다.

현재 아동의 인권 존중과 보호를 위한 정부 주도의 거버 넌스 체제 구축은 개인정보보호법에 의하여 돌봄이 절실 한 학교 밖 청소년의 정보를 공유하지 못하는 한계에 봉착 해 있다. 정부의 관료들은 학교폭력, 데이트폭력, 가정폭력 등의 인권침해 문제를 디테일하게 분석하여 효과적인 해결 방안을 찾아야 한다. 문제해결의 핵심이 무엇인지 연구하지 않고 법과 제도만 바꾸는 행정으로는 만연한 아동학대를 절대로 근절할 수 없다.

| 위기청소년 부모에게 주는 여덟 가지 조언 |

학교에서는 자살 충동이나 우울증 증세가 심하거나 무단가출이 빈번하고 폭력성이 강한 문제행동학생을 고위험군 학생이라고 한다. 이러한 학생은 학교에서 집중관리를 하고 있으며 전문상담교사가 수시로 상담을 한다. 물론 학생뿐만 아니라 해당 학생의 부모와도 상담을 진행한다.

학교의 담임 선생님은 고위험군 학생을 학부모와 함께 지도할 수 있도록 학생의 부모에게 교육적인 조언도 반드시 해 주어야 한다. 이에 프랑스의 정신과 의사이자 정신분석가인 장 다비드 나지오 J. D. Nasio의 저서 《위기의 청소년》에 제시된 '위기청소년 부모에게 주는 여덟 가지 조언'을 소개한다.

1. 기다릴 줄 알아야 합니다.

기다림의 인내와 여유가 필요합니다. 위기청소년을 안정시키는 최고의 명약은 시간입니다. 청소년기는 시작과 끝이 있는 삶의 어느 한 단계라는 점을 염두에 두시기 바랍니다. 부모와 자녀가 예외 없이 거쳐야 하는 이 시기에 불가피하게 찾아오는 시련을 참고 견디는 기다림과 자녀의 처지에서 바라보는 여유를 갖기 바랍니다.

2. 문제행동과 자녀라는 인간을 구별합시다.

부모님의 분노가 아무리 정당하다 할지라도 꾸지람 속에 담긴 깊은 뜻과 애타는 마음은 자녀에게 쉽게 전달되지 않습니다. 오히려 부모의 말을 통해 자녀가 듣는 건 부모가 그들의 영혼에 얼마나 가까이 있는지입니다. 못된 행동은 꾸짖되 부모의 사랑까지 의심하지 않도록 하세요.

3. 타협할 수 있어야 합니다.

금지와 제재도 가할 수 있어야 하지만, 자녀 스스로 자존감을 느끼는 타협을 할 수 있어야 합니다. 자녀가 일탈행위를 했을 때, 곧바로 충동적으로 행동하지 마세요. 다음 날 기다렸다가 단호하면서도 열린 마음으로 대화를 거십시오. 잊지 마셔야 할 것은 여러분의 자녀는 부모로부터 자신에게 한계를 설정하는 성인의 역할을 기대한다는 사실입니다. 한계를 설정한다는 것은 금지를 가하는 의미도 되지만, 자녀와 타협한다는 의미도 됩니다.

4. 절대로 비교하지 마십시오.

모범이 되는 것과 비교하면 자녀의 자존심이 좀 상할 수 있지만 자극을 줄 수 있다고 생각하시겠지요. 하지만 비교는 그를 자극하기보다는 좌절시키고 멸시감을 갖게 합니다.

5. 자녀의 실패를 예고하지 마세요.

아무리 화가 나더라도 부정적이거나 단정적인 말을 하지 마십시오. 항상 긍정적으로 대하세요. 예를 들어 공부를 안 하면 유급할 거라고 겁주지 마세요. 청소년은 현재 밖에 모르기 때문에 유급할지도 모른다는 부모의 위협은 그를 분발시키기보다 부모가 자신을 믿어주지 않는다는 느낌을 줄 뿐입니다.

6. 자녀는 부모의 사랑을 자기중심적으로 왜곡해서 받아들입니다.

자녀들은 부모의 사랑을 따뜻하고 보호받는 마음으로 느끼기보다는 부담으로 받아들일 수 있음을 아셔야 합니다. "부모님이 날 사랑하는 것은 알아. 하지만 난 느낄 수 없어. 그들은 내 공부에만 관심이 있지 나란 사람에게는 관심이 없어. 부모님은 날 사랑하기보다는 명령하고 판단할 뿐이지. 어떤 요구 없이 사랑해 주면 좋겠어." 특히 신경증을 앓고 있는 청소년에게는 부모의 사랑이 까다로운 요구나 비난으로 밖에 들리지 않습니다.

4장

인성교육 편

문제행동학생 상담 및 지도

①

상벌점제도
무엇이 문제인가?

상벌점제도는 2009년 교육부에서 도입한 '학생 생활평점제'라는 이름과 함께 일반화된 용어이다. 선행에 대해서는 상점을, 문제행동에 대해서 벌점을 주는 제도라서 부르기 쉽게 상벌점제도라 한다. 서울시교육청의 경우는 2010학년도 2학기에 학생 체벌을 금지하는 조치가 시행되면서 많은 중고등학교에서 상벌점제도를 도입하였다. 2015년 통계에 의하면 중학교의 88.1%, 고등학교의 90.1%가 시행하고 있다.

이 제도는 교육 선진국에서도 문제학생 지도와 상담을 위하여 시행하고 있는데, 주로 수업을 방해하는 학생에게 적용한다. 영국의 학교에서는 수업방해 행동이나 교사의 지시 불응은 학생에게 ×를 주고 방과 후에 10분간 선생님과 상담을 한다. 그런 행동이 2회인 경우에는 방과 후에 1시간 상담을 받는다. 3회 이상이면 출석정지를 받게 되고, 그런 행동이 지속되면 퇴학 처분까지 받는다. 이렇게 수업이 끝난 방과 후에 의무적으로 남는 것을 'detention'이라 하며, 입학할 때 학생과 학부모가 서약을 하기 때문에 이를 거부하면 징계 조치를 받게 된다.

그렇다면 우리나라의 상벌점제도는 무엇이 문제일까? 보통 벌점이 10점에서 20점 정도까지 누적되면 해당 학생의 명단을 학급담임에게 통보하여 지도하도록 하거나 생활지도부에서 일괄로 교내봉사를 시킨다. 벌점이 일정 점수가 될 때까지는 특별한 개별지도나 선도 조치를 받지 않는다. 그래서 일부 학생들은 '아, 벌점 주면 되지 왜 그렇게 말씀이 많으세요?'라고 오히려 짜증을 내며 벌점을 달라고 하거나, '다른 선생님은 가만히 있는데 왜 선생님은 이런 걸 가지고 벌점을 줘요?' 하며 적반하장으로 항의를 한다. 상황이 이러니 벌점을 주느냐 안 주느냐에 따라 선생님에 대한 호불호는 천양지판이다.

'상벌점제도는 교육적으로 효과적입니까?'라는 교사 대상 설문(서울시교육청 교육 논문, 2012년)에서 21.2%만이 '그렇다'였고, 78.8%는 '그렇지 않다'로 응답하였다. 학생의 문제행동에 대한 교사의 벌점 부여 방식과 결과는 교육적이어야 하는데, 비교육적인 측면이 존재한다. 상벌점제도의 공론화된 문제점을 소개한다.

첫째, 벌점을 누적하여 일괄로 지도하는 것은 문제행동에 대한 지도를 소홀히 하는 것이다. 학생의 문제행동은 발생 즉시 대화와 상담으로 행동의 변화를 유도해야 한다. 여러 가지 문제행동으로 인하여 벌점이 누적된 학생을 시간이 한참 지난 후에 일괄로 지도하는 것은 학생 개개인의 문제행동 원인을 고려하지 않고 결과만을 가지고 훈육하거나 징계하는 비교육적 처사이다.

둘째, 벌점을 부여하는 과정에서 학생은 불만을 갖게 되고, 학생과 교사 간에는 갈등이 생긴다. 이러한 관행으로 존중과 사랑의 사제관계는 무너질 수밖에 없다. 불미스러운 관계나 갈등관계를 만들지 않으려고 벌점은 전혀 주지 않는 교사도 의외로 많다. 그래서 어느 선생님은 벌점을 주고, 어느 선생님은 벌점을 안 주는 일관성 문제가 발생한다. 학생은 그것을 잘 알고 처신한다.

셋째, 벌점을 줄이기 위한 목적으로 상점을 받도록 하는 행위는 상과 벌로 학생들을 조정하는 행위로써 잘못된 교육방식이다. 상점으로 벌점을 상쇄하는 것은 보상과 대가를 염두에 둔 행위를 조장하는 것이다. 그것은 동기의 자발성과 행위의 자율성을 억누르는 비교육적인 행위이다. 결과보다는 행위 과정에서의 상과 칭찬이 더욱 교육적이다.

벌점이 많은 학생들은 징계를 피하기 위하여 상점을 받아서 벌점을 상쇄하려고 학교의 캠페인, 청소 등에 의도적으로 참여하기도 한나. 상점은 외부적 보상이다. 벌점을 상쇄하는 방식의 상점 제도는 타인에게 초점이 맞춰져서, 다른 사람의 요구와 가치에 부합하는 것이 이익이라는 이해득실의 논리만 가르칠 뿐이다.

보상으로 인하여 고도의 창의력과 집중력이 발휘되기도 하지만 그것은 보상 획득의 지름길을 가기 위한 방법일 뿐이다. 보상에 집착하면 할수록 목적을 위하여 수단과 방법을 가리지 않는 부적절한 행위가 습관화되면서 원칙보다는 편법 또는 부도덕한 수단에 의존하는 기회주의자로 전락하게 된다.교사가 학생에게 벌점을 주는 시점이 학생과 상담이 시작되는 시점이어야 한다. 서울의 성일중학교는 선생님들께서 학생에게 벌점을 줄 때, "내가 너에게 벌점을 주게 되어 마음이 편치 않구나, 미안하다."라고 말을 하면서 상대 학생과 대화(상담)를 시작하고, 그 대화 내용을 '진실기록장'에 보관한다. 이 학교에서는 벌점을 주는 바로 그 순간, 학생과 교사의 소통관계가 시작된다. 이 학교는 상벌점제를 폐지하고 전교사 상담시스템을 구축한 학교이다.

교육의 본질 회복과 학교 정체성의 확립은 대화와 소통의 학교문화를 만드는 일에서 출발하여야 한다. 우리 교육자들은 지금의 단속, 적발, 징계의 프로세스로 운영되는 상벌점제도의 비교육적인 문제점을 개선하고, 영국의 학교나 성일중학교와 같이 대화와 소통이 활발한 상담시스템을 학교에 구축하여야 한다.

| 회복적 생활교육 |

회복적 생활교육이 무엇인지 알기 위해서는 '회복적 정의'의 개념을 먼저 이해할 필요가 있다. 회복적 정의는 가해자와 피해자를 엄격히 구분한 후, 가해자는 응징하고 피해자는 보호하는 사법적 정의와는 다르다. 사법적 정의의 실천은 가해자·피해자 상호 간에 갈등과 원망 그리고 상처를 남기지만, 회복적 정의는 가해자와 피해자들의 화해와 용서를 통해 관계 회복과 상생의 길을 열어준다. 따라서 사법적 정의는 징벌적이고, 회복적 정의는 평화적이라고 볼 수 있다.

2014년 경기도교육청은 기존의 상벌점제를 폐지하고 모든 학교에서 회복적 생활교육을 전면적으로 실시하고 있다. 왜 그랬을까? 처벌과 보상 위주의 상벌점제는 사법적 정의에 입각한 생활교육 방식이라면, 회복적 생활교육은 소통과 상담을 중시한 생활교육 방식이기 때문이다.

회복적 생활교육은 학교 규정과 도덕적 잣대를 먼저 내세우는 상벌점제도와는 지도 방법이 근본적으로 다르다. '회복적'이라는 단어에는 관계성과 공동체성을 중요시한다는 의미가 내포되어 있다. 그리고 규정을 적용해야 할 중대한 사안일지라도 반드시 문제행동의 원인을 파악하고 공감적 소통을 하면서 학생 스스로 문제행동에 책임을 지고 바람직한 행동을 할 수 있도록 사랑으로 지도하려는 선생님들의 의지가 담겨 있다.

7. 자녀와의 갈등 상황에 제3자의 개입을 적극 권합니다.

긴장 상황에서는 자녀에게 권위를 세우거나 직면하는 일을 피해야 합니다. 제3자의 개입은 자녀에게 열등감을 자극할 위험이 없으므로 청소년이 잘 받아들입니다. 조부모, 삼촌, 이모, 존경하는 선생님 등은 부모-자녀 간의 위험스러운 대면에 큰 도움을 줍니다.

8. 자녀를 있는 모습 그대로 사랑하십시오.

부모는 자녀의 현재 모습을 수용하지 못하면 자녀는 그러한 부모 때문에 스트레스를 받습니다. 자녀의 신경증적인 반응은 대개 신경증적인 부모님이 자녀에게 거는 기대에서 비롯됩니다. 이제 부모님들은 두 가지와 이별해야 합니다. 첫째는 자녀의 유년기, 둘째는 이상적인 청소년에 대한 환상입니다. 부모님의 정당한 기대가 자녀에게는 너무 부담스러운 요구로 느껴지기 때문입니다.

2

인성교육의 기본 방향은
인권교육

학교의 기본적인 교육활동으로 추진하여 왔던 인성교육
과 인권교육은 어떠한 차이점이 있을까? 인성교육과 인권교
육은 '사람다운 사람'을 육성한다는 점에서 그 뿌리는 같다.
그러나 교육의 방향성에서 차이가 있다. 인성교육의 주안점
은 한 사회의 구성원 개개인의 자질과 품성을 개발하는 데
에 있다면, 인권교육은 한 사회의 공동체적 삶의 가치와 정
의를 구현하려는 데에 있다. 즉 인성교육은 공동체 생활에
서 필요한 바른 인성을 함양하도록 하는 사회적응적 측면
이 강하고, 인권교육은 모두가 행복한 공동체를 만들기 위
한 사회변혁적 측면이 강하다고 할 수 있다.

한 개인이 올바른 인성을 함양하게 되면, 결국 그러한 개인들이 모여 바람직한 생활공동체를 형성하기 때문에, 인성교육은 개인과 공동체를 포함한 개념으로 인권교육보다는 광의적인 의미로 해석될 수 있다. 그렇다고 해서 인성교육만 잘하면 인권교육은 저절로 된다는 생각으로 지금의 덕목 중심의 인성교육 방식만을 고수한다면, 인권친화적인 학교문화를 조성하는 데 상당히 많은 시간이 소요될 것이다.

작금의 우리 사회는 학대, 폭행, 살인, 우울증, 자살 등의 문제가 심각한 상황이다. 정부에서는 조속히 국민의 인권감수성을 높이고 인권과 생명을 중시하는 평화로운 사회를 구축하기 위한 실효성 있는 정책을 강구해야 한다. 공교육기관인 학교도 인권교육에 중점을 두어야 한다. 그리고 학교의 인권교육은 '모든 사람은 태어날 때부터 자유롭고 존엄하며 평등하다'는 인식하에 '나'라는 개인을 넘어, '나와 너', '나와 조직', '조직과 조직'의 기본권을 존중하고 보호하는 관계 형성과 관계 회복의 측면으로 접근해야 한다.

서울시교육청은 헌법, 교육기본법, 초중등교육법, 유엔아동권리협약을 바탕으로 2012년 1월 26일 서울학생인권조례를 발표하였다. 그 후 4년째 되는 날인 2016년 1월 26일 '학생인권의 날'을 선포하였다. 그리고 정부에서는 어린이날을 즈음하여 2016년 5월 2일 '아동권리헌장'을 발표하였다.

이렇듯 이미 오래전부터 법과 조례 등으로 학생인권 존중을 위한 기반이 조성되고 있음에도 불구하고, 학교에서의 학생 대상 인권교육은 기대 수준에 미치지 못하고 있다. 2015년 12월 서울시교육청에서 전수조사로 실시한 학생인권 실태조사의 결과를 보면, 1년 동안 인권교육을 받았다는 초중고 학생은 전체 학생의 61.0%에 불과하다. 학교에서 학기당 2시간 이상 인권교육을 하고 있는 데도 인권교육을 받았다고 응답한 학생이 5명 중에 3명인 것은 교육 방법에 문제가 있는 건 아닐지 고민해야 한다.

이제 우리 교육자들은 18세 미만의 아동인 유초중등학생을 바라보는 관점과 지도 방법을 바꿔야 한다. 학생은 교복 입은 시민이다. 미성숙한 존재나 훈육의 대상으로만 보고 도덕적 잣대나 규정만을 강조해서는 안 된다. 독립적인 인격체로 존중하면서 대화와 소통의 교육을 해야 한다.

지식으로서의 인권교육이 아니라 생활로서의 인권교육이 필요하다. 그러기 위해서는 가정의 학부모와 학교의 교직원이 인권의 중요성을 공감하고 인권 존중을 실천하는 모범을 보여야 한다. 그리고 인권교육 정책은 학생교육과 성인교육을 병행하는 투 트랙으로 추진하여야 한다.

3
자살 충동 이기는
마음교육이 필요한 때

어떻게 해야 하나. 마음이 너무 아프다. 여성가족부에서 발표한 〈2018 청소년 통계〉에 의하면 2007년부터 2016년까지 10년간 청소년(9세~24세) 사망 원인 1위는 자살이라고 한다. 그리고 지난 1년간 청소년 4명 중 1명은 2주 내내 일상생활을 중단할 정도로 절망감이나 우울감을 느낀 적이 있다고 한다.

일본의 의학박사인 우에노 마사히코는 "자살의 9할은 타살"이라고 주장했다. 전적으로 동의한다. 어린 학생들의 자살은 생명존중의식과 인권의식이 부족한 우리 어른들의 잘못에서 비롯되었다고 생각하기 때문이다.

청소년들이 자살을 하지 않도록 하는 최고의 방법은 마음교육이다. 그래서 교육은 삶을 위한 교육Learning for Life이어야 한다. 청소년들은 이성적 판단을 할 수 있는 뇌의 전두엽이 발달하는 과정에 있으므로 무시, 협박 등 상처 주는 말에 매우 민감한 반응을 보인다. 스트레스와 우울감은 마음의 감기이고 가볍게 생각해서는 안 된다. 청소년 자살은 스트레스와 우울감이 지속되면서 충동적으로 순식간에 발생하는 사망사고이다.

정부는 병든 사회를 건강 사회로 만들기 위해서 실효성 있는 자살예방교육과 인권교육을 평생교육 차원에서 의무화할 필요가 있다. 특히 가정과 학교는 18세 미만의 학생들이 마음의 근력을 키울 수 있도록 정신교육을 보다 철저히 해야 한다.

그동안의 경험을 바탕으로 실효성 있는 교육 방법 2가지를 소개한다. 하나는 분노를 스스로 이기는 삶의 지혜를 가르치는 것이고, 다른 하나는 스트레스와 우울감을 스스로 해소할 수 있도록 자기관리능력을 함양시키는 것이다.

학생들이 겪는 분노는 대부분 자존심이 상하는 말에서 기인한다. 명심보감에 '인일시지분, 면백일지우忍一時之忿, 免百日之憂'라는 말이 있다. 한순간의 분노를 참으면 백일의 근심 걱정을 면할 수 있다는 말이다. 분노는 독약이다. 학생들에게 순간의 분노를 참는 방법을 알려주고, 그 방법을 습관화하는 교육을 강화해야 한다. 분노 해소의 가장 좋은 방법은 심호흡을 하고, 밖으로 나가서 맑은 공기를 마시며 걷기와 뛰기 등 운동을 하는 것이다. 그러면 순간의 분노로 인한 큰 화는 면할 수 있다.

만일 협박, 폭행, 성희롱, 따돌림 등의 학교폭력으로 생기는 분노인 경우는 절대로 혼자서 고민해서는 안 된다. 즉시 학교에 상담을 요청하거나 신고를 해야 한다. 학교폭력은 범죄이기 때문에 법으로 처리할 문제임을 주지시켜야 한다.

학생들이 겪는 스트레스와 우울감의 원인은 다양하겠으나, 주로 가정경제적인 어려움과 학업 스트레스 때문이다. 열한 가정 중 한 가정이 이혼가정이라는 우리나라의 심각한 가정불화는 자녀들이 경제적 어려움과 정신적 고통으로 우울한 생활을 할 수밖에 없는 상황을 만드는 주범이다. 학교 밖 청소년은 대략 38만 명이 넘고, 중고등학교의 아르바이트를 하는 학생 비율은 15.9%(서울시교육청 노동인권 실태조사, 2017년)라고 하니, 정부 차원의 돌봄 정책이 절실한 상황이다.

만약 가정의 부모나 학교의 선생님이 심각한 우울증 증세를 보이는 자녀나 학생을 치료해야 할 상황이 생기면 어떻게 해야 할까? 정신과 의사들이 제언하였던 교육적인 치료 방법을 간략히 요약한다. 우울증의 초기 현상을 보이는 학생뿐만 아니라, 부정적인 정서를 갖고 있는 자존감 낮은 학생을 대상으로 이 방법을 적용해 보는 것도 좋을 것 같다.

1. 환경 조성하기
- 환자를 어떻게 바꿀지가 아니라 어떻게 함께 지낼지를 고민한다.
- 부담을 주지 말자. 적당한 무관심이 지나친 관심보다 바람직한 결과를 가져온다.
- 치료자와 환자가 파트너가 되어 병에 대항하는 구조가 되어야 한다.

2. 신뢰 구축하기
- 가족 모두가 응원하고 지지하고 있음을 믿게 한다.
- 환자의 말에 귀를 기울이고 고통에 공감하면서 진심 어린 위로를 한다.
- 가족관계를 탄탄히 재구성하여야 사회 참여 욕망이 생긴다.

3. 치료 개입하기
- 부담 없는 거리에서 지켜보다 적절한 순간에 개입한다.
- 분위기와 상대의 마음 상태를 고려하지 않는 일방적인 커뮤니케이션은 불안의 원천이다.

4. 한가로운 대화하기

- 정보나 메시지를 전달하려는 목적형 대화가 아니라 단순히 친밀감을 확인하기 위한 한가로운 대화가 치료에 가장 효과적이다. 농담을 나눌 수 있는 관계를 만든다.

- 설익은 대화는 스트레스를 배가하고, 스트레스는 대화를 저해하는 악순환이 될 수 있다.

5. 공감하기

- 상호성과 공감 없는 일방적인 말은 의미 없는 소음이다.

- 진정한 대화는 어느 한 쪽이 달라지기를 요구하지 않는다. 모두가 달라지는 대화가 상호성 있는 대화이다.

- 상호성 있는 대화는 공감을 전제로 하며 역지사지하는 마음이다.

6. 경청하기

- 대화의 기본은 경청이다. 반응은 보류하고 이야기를 스펀지처럼 흡수해라.

- 이야기를 듣다가 반론하거나 비판하는 일은 삼간다.

- 적당히 고개를 끄덕이는 추임새나 "지금 한 말이 이런 뜻이지?"라며 가벼운 맞장구 질문을 던진다.

- 말의 내용보다 감정의 추이에 초점을 맞추어라.

7. 아이 메시지I-message로 말하기

– 토론하거나 설득하려고 하지 마라.

– 아이 메시지는 환자의 마음을 열고 환자가 말을 하도록 하는
키워드이다.

8. 관계적 메시지 전하기

– 인사, 권유, 부탁 등 상대를 관계 안으로 끌어들이는 관계적
메시지는 환자 자신이 가족에게 필요한 존재, 가족에게 기쁨이
되는 존재로 생각하게 한다.

9. 제3자 개입하기

– 제3자의 개입은 환자와 가족관계에 공정성과 연대성을 갖게
하는 수단이다.

– 자기가 문제라는 생각에서 벗어나 자기애를 갖게 되고 사
회 참여의 동기를 부여한다.

10. 적절한 화제 선택하기

– 일과 장래에 관한 이야기는 해서는 안 된다.

– 과거의 영광이나 친구들에 대한 소문을 언급해서도 안 된다.
그런 화제는 자신이 한심하고 부족하다는 비언어적 메시지로
받아들인다.

이와 함께 학교에서는 가정경제적인 문제로 고민하는 학생이 스스로 자립할 수 있는 길을 열어 주도록 정신적·금전적 지원을 위한 다각적인 노력을 해야 한다. 그것이 바로 돌봄교육이다. 그러기 위해서는 학교상담이 활성화되어야 한다.

또한 학업 스트레스로 고민하는 학생에 대해서는 '좋은 성적, 명문학교 졸업장'이 행복의 필수조건이 아니고, '자신이 하고 싶은 일을 즐겁게 하는 것'이 최고의 가치임을 교육해야 한다. 그리고 학생이 직접 부모에게 가족회의 등을 요청하여 자신의 진로는 자신이 개척해 가겠다는 의사표현을 당당히 할 수 있는 긍정마인드와 자기설정능력을 갖도록 지도해야 한다.

청소년 자살은 마음의 근력을 키우는 교육을 통해서 충분히 예방할 수 있다. 정부는 국정과제의 최우선 순위를 교육에 두고 심각한 스트레스와 우울감에 빠져 있어 돌봄이 절실한 학생들을 위한 교육정책에 두어야 한다. 지금과 같이 지식교육에만 몰입하는 고진감래형 경쟁교육으로는 세계 최고의 청소년 자살국가라는 오명을 벗어나지 못할 것이다.

| 관계치료 |

관계치료란 우울증 환자나 은둔형 외톨이의 치료를 약물이 아닌 '대인관계와 활동'으로 회복탄력성(마음의 근력)을 갖도록 치료하는 것이다. 관계치료는 사람이 약이다. 그 과정은 다음의 3단계로 이루어진다.

1단계 : 잊는 연습

'잊을 수 있다, 잊어야 한다'는 강박적 마인드컨트롤을 시행하지 않고, 뜨개질, 악기 연주, 텔레비전 보기 등을 한다. 가혹한 경험이나 트라우마를 잊기 위한 연습이다.

2단계 : 일하기

청소, 빨래, 아이 돌보기 등 봉사활동으로 무너진 자존감을 회복하고 자아존중감을 갖게 한다.

3단계 : 스킨십

몸이나 발 씻기기, 안마, 손톱 다듬기 등 친밀한 스킨십을 한다. 신체를 만지면서 마음의 문을 열 수 있는 대화 상대를 만든다.

* 앤드루 솔로몬Andrew Solomon의 《한낮의 우울》에 수록된 내용으로
캄보디아 프놈펜에서 심리치료센터를 운영하는
팔리누온의 관계치료 방법을 인용했습니다.

4

더욱더 중요해지는
학생 상담

학교에서 교육을 담당하는 선생님의 정체성 또는 본연의 역할은 수업과 상담이라고 할 수 있다. 상담은 수업 이상으로 중요한 교육적 행위이다. 인간교육이라는 차원에서 선생님에게 상담 전문성이 없어서는 곤란하다.

상담 이론가인 칼 로저스Carl Rogers는 상담을 "상담자와의 안전한 관계에서 과거의 부정했던 경험을 다시 통합하여 새로운 자기로 변화하는 과정"이라고 하였다. 본인도 문제행동학생과의 상담은 교사와 학생 간에 수용적이고 구조적인 관계를 형성하면서, 학생 스스로 자신의 부정적 특성을 긍정적인 방향으로 변화하도록 조력하는 과정이라고 생각한다. 교육계에 있으면서 상담을 했던 경험을 토대로 효과적인 문제행동학생 상담 기법을 소개한다.

1. 신뢰관계 형성

상담의 1차적 관계는 신뢰관계, 친밀감, 협조관계의 형성, 즉 래포이다. 래포는 교사와 학생의 마음이 상호 연결된 상태로 이런 관계에서 학생은 자신의 마음 깊은 곳에 있는 내용까지 교사에게 말할 수 있게 된다.

2. 구조화

상담의 성격과 학생과 교사의 역할에 대하여 알려주는 오리엔테이션이다. 학생과 교사가 함께 상담 목표를 정하고, 상호 간의 역할과 지켜야 할 규칙을 정한다.

3. 경청

학생의 이야기를 주의 깊게 귀담아듣는 태도로, 말의 내용뿐만 아니라 말하려는 의도, 표정을 주의 깊게 관찰하며 듣는다. 학생으로 하여금 생각이나 감정을 자유롭게 표현할 수 있도록 북돋위 준다.

4. 주의 집중

학생이 편안하게 자신의 생각과 감정을 탐험할 수 있도록 교사가 신체적으로 내담자를 향하는 것이다. 교사의 주의 집중은 학생의 감정과 생각의 표현을 촉진한다.

5. 장단 맞추기

대화의 분위기와 이야기의 흐름에 장단을 맞추어 주는 반응을 말한다. 교사와 학생 간에 같은 언어반응, 신체반응, 정서반응으로 장단을 맞출 때 대화가 진전된다.

6. 질문하기

상담 과정에서 학생이 자발적으로 얘기를 풀어가기도 하지만, 때에 따라 교사가 적절한 질문을 하는 것은 학생의 자기탐색을 촉진하는 역할을 한다. 개방적 질문을 하면 학생의 다양한 관점, 의견, 사고, 감정까지 끌어낼 수 있다.

7. 자기 노출

교사가 자신의 생각, 경험, 느낌을 학생의 관심, 흥미와 관련하여 말하는 것으로 학생의 느낌, 유사성이 있는 경험을 구체적인 용어로 말한다. 자기 노출은 학생에게 유사성과 친근감을 전달할 수 있고, 보다 깊은 이해를 발달시킬 수 있으며, 학생에게 보다 철저하고 깊이 있는 자기탐색의 모범을 보여주게 된다.

8. 직면

학생이 모르고 있거나 인정하기를 거부하는 생각과 느낌에 대해서 주목하도록 하는 것이다. 학생이 모르고 있는 과거와 현재의 연관성, 행동과 감정 간의 유사점 및 차이점 등을 지적하고 그것에 주목하도록 한다.

위에서 제시한 여덟 가지 상담기법은 교사와 학생 사이의 인간관계를 바탕으로 이루어지는 상호작용이다. 따라서 교사의 태도와 자세는 매우 중요하다. 상담자인 교사가 필히 갖추어야 할 세 가지 자세를 강조한다.

첫째, 상담자는 내담자의 가정적·문화적 배경을 이해하고 고통을 수용해야 한다.

둘째, 내담자와 농담을 할 수 있을 정도의 정서관계를 맺고 내담자가 자신의 감정을 자유롭게 표현하도록 한다.

셋째, 내담자를 지도한다는 생각은 버리고 장기적인 목표로 스스로 변화하는 과정을 지켜보아야 한다.

| 학생의 문제행동 원인 |

1. 지나친 경쟁사회

- 생산성 경쟁, 점수 경쟁, 출세 경쟁
- 학벌학력사회에서의 시기심, 적대감, 소외감은 건전한 인간성 발달 저해
- 우울증, 스트레스, 분노로 인한 부정적 자아개념 심화

2. 생명 경시 사회

- 소파수술, 동물 학대, 학교폭력, 가정폭력, 성폭력, 자살, 존속살인
- 폭력 게임 및 폭력 영상물 만연
- 황금만능주의로 인한 생명존중의식 결여

3. 물질 숭배사상

- 소유물이 그 소유자의 가치 결정
- 청빈 생활, 근검절약 생활은 초라해 보임
- 생명보다 물질의 가치가 더욱 중요하여 인간성은 물질에 가려 보이지 않음

4. 결과 중시 사회

- 수단과 방법을 가리지 않고 성과와 결과만 중시(삼풍백화점 붕괴, 성수대교 붕괴, 세월호 침몰 등)
- 고통과 고난은 행복한 삶의 과정이나 4D difficult, dirty, dangerous, dreamless 직종 기피
- 도덕 불감증의 정치사회 지도자의 권력 행사
- 출세지향적인 교육으로 인성교육과 인권교육 부실

5. 가정교육 부재

- 자녀의 필요need와 욕구want를 무절제하게 충족시켜 줌
- 부모가 대신하는 삶. 사교육 의존. 수동적이고 의존적인 청소년 양육
- 부모와 자녀 간의 대화 단절. 규범과 질서의식 부족
- 1인 또는 2인 가정이 51% 이상으로 부모교육을 기대하기 어려운 상황

6. 인간관계 와해

- 소통과 공감의 관계 실패
- 어른의 경험과 지식은 자녀세대에 불필요, 권위와 가치 상실
- 자녀와 부모, 교사와 제자와의 관계는 사무적·형식적
- 욕설, 학생답지 않은 용모, 낮은 인권의식 등 부정적인 또래문화

7. 무분별한 대중매체

- 대화 부족, 스마트폰 중독
- 폭력 게임과 폭력 만화 및 영상 범람
- SNS의 익명성으로 인한 무책임한 행동(사이버 폭력 등)
- 모방행동. 비인간적 행동에 대한 면역 및 불감증

5

따뜻한
말 한마디의 힘

대한민국이 분노사회, 폭력사회가 된 것에 대해 우리 교육자들은 깊은 성찰을 해야 한다. 교육자뿐만 아니라 대한민국의 국민이라면, 가정폭력, 데이트폭력, 학교폭력, 권력형 갑질 등 범법행위가 끊임없이 발생하고 있는 현실에 대하여 문제의식을 갖고 해결방안을 찾아야 한다.

분노사회와 폭력사회의 근본 원인은 말(언어) 때문이라고 생각한다. 탈무드에 '남을 헐뜯는 말은 세 사람을 죽인다'는 말이 있다. 그 세 사람은 말하는 사람, 듣는 사람, 듣고 방관하는 사람이다. 우리나라의 청소년 사망 원인의 1위가 10년 동안 자살이라는 통계는 상처 주는 말과 무관하지 않다는 생각이 든다.

18세 미만의 아동을 교육하는 부모나 선생님들은 문제행동을 한 자녀나 학생에게 화를 내면서 훈육을 했던 경험이 있을 것이다. 그리고 화를 동반한 일방적인 말은 갈등만 조성할 뿐, 자발적인 문제행동의 변화는 기대하기 어렵다는 것을 실감했으리라.

우리 어른들은 따스한 말 한마디가 귀중한 생명을 구하고, 상처 주는 말 한마디가 자살이라는 극단적인 선택을 할 수 있다는 사실을 알고 있으면서도 화를 이기지 못하는 훈육 습관을 버리지 못하고 있는 것 같다. 그런 관점에서 학생을 훈육할 때 선생님들이 염두에 두어야 할 '화를 이기는 이성적 대화법'을 소개한다.

첫째, 공개적으로 하지 말라. 훈육의 목적은 문제행동을 스스로 멈추도록 하는 데 있다. 다른 사람이 있는 데서 훈육을 하면 잘못을 인정하기보다는 자존심이 상해 반항심이 생긴다. 아주 사소한 것이라도 제3자 앞에서 비판하지 말고 일대일로 감정코칭을 하라.

둘째, 훈육에 앞서 장점을 말하라. 야단맞는 자리에 불려오면 본능적으로 자기방어를 하게 되고, 말문을 열지 않고 긴장한다. 장점을 말하면 마음의 빗장을 열고 수용적 자세를 취하게 된다. 훈육 전에 래포 형성을 위한 시간이 필요하다.

셋째, 사람이 아니라 행위를 비판하라. 문제행동에 초점을 맞추어 부적절한 행동이 미치는 영향에 대하여 아이 메시지 I-message로 말하라. 훈육의 목적은 행동의 변화에 있으니 인격을 비하하는 말로 자존심을 건드리지 말라.

넷째, 한 번에 한 가지만 지적하라. 지적은 한 번으로 족하다. 두 번 이상은 잔소리가 된다. 과거의 잘못을 다시 끄집어내어 지적을 하면 대화는 단절된다. 현재의 잘못에 대해서 여러 가지로 원인을 제시하며 분석하려 해도 대화는 중단된다. 훈육을 하려다 갈등의 골만 깊어진다.

다섯째, 개선할 점을 알려 주어라. 일방적으로 잘못만 강조하지 말고 잘못을 수정할 수 있는 방법을 제안하라. 어떤 점이 왜 잘못인지를 충분히 이해하도록 하고, 그런 잘못을 하지 않으려면 어떻게 행동하는 것이 좋을지 학생에게 질문하면서 조언하라.

여섯째, 요구하지 말고 부탁하라. 지시나 권유는 나의 생각을 관철하려는 입장이고, 부탁은 상대방의 생각을 묻는 것이니, 자발적인 행동을 유도하려면 요구보다는 부탁을 하라. 부탁은 상대방의 자존감을 높여 준다.

일곱째, 우호적인 분위기로 끝내라. 대체적으로 문제행동을 하는 학생과 진지한 대화를 나누고 나면, 그 학생은 더 이상 문제학생으로 보이지 않는다. 훈육을 한 후에는 반드시 칭찬과 격려를 하라. 그래야 그 학생과 좋은 관계를 지속적으로 유지할 수 있다.

화를 내지 않고는 살 수 없는 것이 인생이겠으나 타인에게 화를 내는 것은 좋은 관계를 와해시키는 독약임을 명심해야 한다. 화는 상대의 언행을 평가하고 비난하면서 자신의 뜻대로 해 주기를 바라는 자기중심적인 행위이다. 화를 이기지 않고는 상대 스스로 문제행동을 바꾸도록 하는 긍정의 힘을 발휘할 수 없다. '말하지 말고 대화하라'는 말이 있다. 상대방의 감정과 관점을 고려하지 않는 말은 진정한 대화가 아니라는 뜻이다.

우리 선생님들은 매일같이 많은 학생들과 생활을 하고 있어 하루에도 몇 번씩 화가 나는 일이 생기며, 학생들의 크고 작은 문제행동으로 늘 스트레스와 긴장 속에서 지낸다. 그럼에도 불구하고 선생님들은 스스로 감정을 조절하면서 생활지도와 상담을 충실히 해야만 하는 입장에 있다. 그래서 선생님들은 화를 이기는 이성적 대화법을 습득하고 실천하도록 노력해야 한다.

| 이성적 대화를 하는 법 |

우리 교육자들은 교육활동에 있어 어느 순간이든 자제력을 잃지 말고 평정심을 갖고 학생 지도에 임해야 한다. 그러나 그것이 쉬운 일은 아니다. 그래도 화를 이기지 않고는 문제행동학생 지도는 불가능하다. 그런 점에서 본인이 평소에 실천하고 있는 평정심을 갖고 이성적 대화를 시작하는 방법을 소개하고자 한다.

첫째, 화가 나면 '화는 독약'이라는 문구를 상기하자.

여기서 독약이란 절대로 상처를 주어서는 안 될 사람에게 상처를 주는 비이성적인 언행을 뜻한다. 화가 나기 시작하면 화를 이겨야 한다는 생각으로 심호흡을 하면서 부정적 감정에 사로잡히지 않도록 노력하자. 이 첫 단계는 이성적 대화에 있어 가장 중요한 단계이므로 실천하기 어렵지만 의도적으로 시도해야 한다.

둘째, 화가 나는 원인이 무엇인지 생각해 보자.

상대방이 왜 그런 언행을 하였는지, 나는 무엇 때문에 화가 나는지 역학관계를 파악하자는 것이다. 누구나 이렇게 관계지향적인 생각을 하는 동안에 치밀어 오르는 화를 어느 정도 통제할 수 있는 자제력이 생긴다.

셋째, 상대의 느낌과 욕구를 직접 확인하자.

화가 치밀어 오를 때, 상대방의 심리 상태와 욕구를 고려하면서 나의 욕구 표현을 자제하는 것은 무척 어려운 일이다. 그러나 상대방에게 상처를 주지 않으려면, 나보다 먼저 상대방을 배려한 대화를 해야 한다. 이 단계에서는 상대방의 감정이나 주장을 확인하는 질문과 인내심 있는 경청이 매우 중요하다.

넷째, 나의 욕구를 공감적 대화로 표현하자.

화를 이기지 못한 상황에서는 상대방의 언행을 판단하고 비난하면서 자기중심적인 말만 쏟아 놓게 된다. 공감적 대화는 아이 메시지I-message로 해야 한다. 상대방의 느낌이나 생각을 내 방식대로 해석하지 말고, 오로지 나의 느낌과 생각만을 상대에게 전하는 것이 공감적 대화의 물고를 트는 방법이다.

화를 이기는 이성적 대화를 일상생활에서 실천하려면 자신을 통제하는 능력 배양과 상대를 존중하는 소통기술의 습관화가 필요하다. 이러한 대화 기법은 어른들이 먼저 실천하면서 자녀들과 학생들을 교육해야 한다.

6

다른 나라는 어떻게
인성교육을 할까?

교육은 한마디로 '사람다운 사람을 육성'하는 것이다. 그리고 학교는 사회라는 삶의 공동체에서 살아가는 학생 개개인이 민주시민으로 성장할 수 있도록 도와주는 곳이다. 그래서 교육을 다른 말로 인성교육이라고도 한다.

인성교육을 잘 하고 있는 국가로 인정받고 있는 덴마크, 독일, 미국의 교육 사례를 통해 우리나라의 인성교육의 나아갈 방향에 대해 생각해 보고자 한다.

덴마크는 전 세계에서 국민의 행복지수가 가장 높은 국가이다. 덴마크의 교사와 부모는 모든 아이를 '평등한 존엄성equal dignity'을 지닌 인격체로 공평하게 존중한다. 어른들은 아이들도 존엄한 인격체로서 평등한 대우를 받아야 할 존재라고 생각하고 절대로 아이들에게 지시하거나 설교하지 않는다.

덴마크의 인성교육은 한마디로 '공감능력을 키우는 행복교육'이다. 덴마크의 모든 학교는 매년 행복측정 표준검사를 실시하여 좋은 삶, 행복한 삶의 수준을 높일 계획을 세우도록 법으로 규정되어 있다. 그래서 각 학교 홈페이지에 '행복 향상 계획'이 반드시 게시된다.

덴마크의 학교에서는 책 읽기를 중요시 여긴다. 학생들은 책을 읽고 자신과 타인의 감정에 대해서 토론한다. 책 읽기의 목적은 '감정 읽기'를 가르치기 위한 것이다. 덴마크의 선생님들은 학생이 감정 읽기를 배우면 다른 사람을 판단하거나 쉽게 낙인찍는 일 없이 언행의 이면에 있는 다양한 관점과 감정 그리고 진정한 의미를 이해할 수 있는 공감능력을 갖게 된다고 생각한다.

덴마크 교육과정의 핵심은 학급시간Klassen Time이다. 덴마크의 학생들은 초등학교에서부터 고등학교를 졸업할 때까지 학창시절(6세~16세) 내내 1주일에 한 번 휘게 시간인 학급시간을 경험한다. 휘게hygge는 '행복과 만족을 주는 아늑함, 편안함, 유쾌함'으로 덴마크 사람들은 휘게를 '우리가 되는 충만함we-fullness'이라고 한다. 덴마크는 성적보다 우정과 공감을 중요시 여기므로 학급시간에는 편안한 분위기에서 케이크를 나눠 먹으며, 주로 공동의 문제에 대해서 대화를 하고 어려움에 처한 친구가 있을 경우에 친구의 고민을 경청하고 함께 해결방안을 찾는 노력을 한다.

덴마크의 부모도 인성교육을 담당하는 가정교사이다. 덴마크에서는 부모를 '조용한 반 친구'라고 부른다. 부모들은 아이의 머릿속에 지식을 넣어주는 수준을 넘어 풍요로운 정서능력과 공감능력을 길러줄 책임이 있다고 생각한다. 그래서 부모들은 자녀들에게 모범을 보이는 역량을 갖추기 위해 스스로 자신의 언어를 인식하는 법, 긍정적으로 관점을 바꾸는 법, 공감하는 언어 사용법을 열심히 배우고 실천한다.

독일도 헌법에 의거해 인성교육을 철저히 하는 국가이다. 독일에는 우리나라처럼 인성의 덕목(예, 효, 정직, 책임, 존중, 배려, 소통, 협동)을 정하고 인성교육의 방식을 제시한 법(인성교육진흥법)은 없지만, 공동체적인 삶에 필요한 사회성 함양을 목적으로 가정의 식탁과 유치원에서부터 인성교육을 충실히 한다. 독일의 인성교육의 목적과 방법을 몇 가지 소개한다.

1. 자기주장 능력 개발을 지원한다.

주에서 제공한 자기주장 능력 강화 표준지침에 의거 학생들

은 위기 대처 및 해결, 환경 보호를 위한 사회적 역량 교육을
받는다.

2. 감정이입 능력을 향상시킨다.

학생들은 논리적으로 사고하면서 상대방의 관점과 감정을
이해하는 능력을 배양한다.

3. 의사소통 능력을 향상시킨다.

학생들은 아이 메시지I-message를 사용하며, 타인의 이야기를
경청하는 훈련을 받는다.

4. 학교 규칙을 공유한다.

공동체 생활에서의 법과 제도 및 규정 준수를 체질화하여,
바람직한 행위가 아니면 동조하지 않고 집단적으로 그러한 행
위를 거부할 것과 처벌이 따름을 인식하도록 한다.

5. 봉사활동 및 사회적 학습을 지원한다.

사회통합적이며 친사회적인 봉사활동 프로그램을 다양하게
운영한다. 학교 행사, 견학, 하이킹, 캠프를 운영하면서 소외계
층이나 불이익을 당하는 계층을 지원한다.

6. 교육복지를 지원한다.

사회경제적 배경이 열악한 학생들의 학습을 지원하고 직업
교육을 안내하여 학생 스스로 자립할 수 있는 능력을 갖도록
한다.

미국의 인성교육은 어떨까? 인성교육 분야에서 최고를 자랑하는 미국의 최고 명문학교인 필립스 엑시터 학교Philips Exeter Academy의 특별한 인성교육 방식을 소개한다. 이 학교의 인장에는 'Non Sibi'라는 문구가 새겨져 있다. '자신을 위하지 않는다'는 라틴어로, 배움의 목적은 자신보다 국가와 인류를 위한 것이라는 뜻이다. 그래서 학교교육은 엘리트주의와 우월감을 경계하고 배려, 봉사, 나눔의 가치를 지향한다.

이 학교의 인성교육은 하크니스Harkness라는 원탁토론 방식의 수업에서 이루어진다. 하크니스는 정답보다는 과정을 중시하며, 모든 학생이 자발적으로 참여하는 수업이다. 토론과 에세이를 중시하고 있어 학생들에게는 독서, 말하기, 쓰기는 기본적인 자기주도적 학습 활동이다. 모든 교과에서 하크니스 수업이 이루어지므로, 학생들은 토론의 기본 원리인 배려, 존중, 겸손의 자세를 체질화한다.

학생들은 개인별로 참여하는 무용, 음악, 연극 등의 예술 수업에서는 감정이입을 통한 긍정적 정서를 함양하고, 12학기 중에 10학기를 수강하는 체육수업에서는 리더십, 규칙준수, 자신감, 협동심을 배양하며 몸과 마음이 조화를 이루는 삶을 스스로 배운다. 수업 이외의 인성교육은 교사가 학업부터 생활까지 부모의 마음으로 지원하는 상담제도 Advising System을 비롯하여, 교내 학생단체인 ESSO Exeter Student

Service Organization의 지역과 연계한 다양한 봉사활동에서도 활발하게 이루어지고 있다.

소개한 국가들의 사례와 같이 인성교육을 잘하는 나라의 공통점은 '성적보다는 인성'에 중점을 두고 '나보다는 우리'의 가치를 중시하면서 공동체의식 함양에 역점을 두고 있다. 그리고 학교와 가정은 자녀의 삶을 위한 행복교육을 지향하며 자녀교육에 협력적 관계를 유지하고 있다.

대한민국의 교육은 명문학교 진학을 목표로 하는 성적 위주의 교육, 남보다 좋은 성적을 받으려고 사교육에 의존하는 부모의 경쟁교육, 학업 스트레스와 휴식 없이 삶에 지쳐 있는 학생들의 고진감래형 학습이다. 이러한 전근대적인 교육문화와 교육방식이 지속되는 한 제대로 된 인성교육은 요원하다. 정부와 우리 교육자들은 하루속히 변화하는 시대의 트렌드에 적합한 혁신미래교육에 지혜를 모아야 한다.

5장

교사 편

교사의 전문성과 리더십 함양

①
최고의 소통은
경청과 질문

　교육대학원의 제자들을 대상으로 강의를 할 때, "소통이
안 되는 원인은 무엇일까요?"라고 질문을 하면 사람마다 관
점이 달라서, 가치관이 달라서, 차이를 존중하지 않아서,
차별적 고정관념을 갖고 있어서, 자기주장이 강해서, 세대
차이가 커서 등 다양한 대답을 듣는다. 그런 대답을 들으면
서, 제자들이 소통이 안 되는 원인을 잘 알고 있으면서 소
통하는 방법은 미숙하다는 생각을 한다. 소통은 상호적 대
화로서 교사와 학생 간의 존중과 신뢰를 바탕으로 형성되
는 공감적 대화이다. 교육자의 길을 가고 있는 그들에게 공
감적 대화 능력은 꼭 필요한 핵심역량이다.

'말하지 말고 대화하라'라는 말이 있다. 상대방의 말은 귀담아듣지 않고 자신의 생각만 말하는 경우 그런 충고를 받는다. 우리 어른들도 가정에서 부부 간에 또는 직장에서 동료 간에 논쟁을 하거나 언쟁을 할 때, 그런 말을 종종 듣는다. 사실 우리 대한민국의 성인들은 가부장적 장유유서長幼有序, 주입식 교육, 군대식 상명하달上命下達 등 수직관계의 생활방식으로 인하여 집안 어른의 말씀이면 무조건 순종하고, 선생님의 가르침은 말없이 수용하고, 직장 상사의 지시에 불평하지 않는다. 이런 자세가 체질화되어 있어 공감적 대화에 익숙하지 않다. 공감적 대화가 안 된다는 것은 사람과 사람과의 소통이 잘 안 된다는 뜻이다.

우리 사회의 높은 이혼율, 아동학대, 청소년 가출, 학교 폭력 등의 고질적인 문제들도 가정과 학교에서의 공감적 대화가 부족하여 생기는 병리적 현상이다. 아이들은 찬스 대화, 공지사항 대화, 스탠딩 미팅이라는 표현을 사용하면서 부모나 선생님과의 대화는 일방적인 권유 또는 지시라고 한다. 그래서 그들은 부모와 선생님이 가장 스트레스를 주는 존재라고 말한다.

대부분의 학부모와 선생님들은 아이들을 변화시키려고만 한다. 어른들은 아이들이 미성숙한 존재이므로 훈육이 필요하다고 생각하여 도덕적 잣대와 규정을 강조하며 자신의 생각을 주입시키려 한다. 대화의 주도권을 어른이 쥐고 있으니 아이들의 욕구와 의견은 묵살되고 대화는 단절된다. 그러니 갈등의 골이 깊어질 수밖에.

어른이 아이와 대화를 나누는 것은 어른들끼리 대화하는 것보다 어렵다. 아이들은 이성적 판단을 할 수 있는 뇌의 전두엽이 아직 형성되는 중이라 감정적인 반응과 행동을 할 수밖에 없다. 그래서 어른이 아이와 대화를 하려면 어른 자신이 자기통제self control와 인내심을 발휘해야 한다.

특히 선생님이 학생의 문제행동을 변화시키려면, 학생의 말 한마디, 침묵, 표정, 몸짓 등 비언어적 행동을 상세히 관찰을 해야 한다. 학생의 생각과 관점을 섣불리 판단하거나 의견을 제시하지 말고, 경청하면서 마음의 문을 열도록 공감적 질문을 계속 던져야 한다. 훌륭한 대화의 기본 조건은 맥락적 경청과 공감적 질문이다.

인간은 사회적 동물이므로 사회라는 공동체에서 나와 남과의 인간관계를 형성하면서 살고 있다. 인간관계는 가족관계, 친밀관계, 친근관계, 공적관계로 구분한다. 어떤 관계이든지 구성원 간의 소통이 부족하면 좋은 관계라 할 수 없다. 박근혜 정부의 국정농단도 비선라인의 국정개입으로 인하여 공식라인의 소통체계가 무력화되면서 발생한 부끄러운 사태이다.

건배사 중에 '소화제, 마취제'가 있다. 건배 제의를 하는 사람이 '소통과 화합이 제일이다'라는 뜻으로 '소화제'라고 말하면, 좌중에 있는 사람들이 일제히 '마시고 취하는 게 제일이다'라는 뜻으로 '마취제'로 화답하며 술잔을 기울인다. 우리 어른들 모두가 소통의 중요성을 말로만 외치지 말고 인간관계에서 반드시 실천하도록 노력하여야 한다.

소통이 있는 인간관계를 만든다는 것은 대화가 부족한 경직된 조직문화를 소통이 활발한 문화로 바꾸는 일이므로 결코 쉬운 일은 아니다. 교육적인 관점에서 가정의 부모와 학교의 선생님들이 대화의 기술을 습득해야 한다. 교육을 담당하는 어른들은 자신의 마음을 비우고 아동의 말과 감정 그리고 관점을 이해하려고 노력하면서, 아이 메시지 I-message 방식의 공감적 질문을 던지며 상대방의 자존감을 높여주는 커뮤니케이션 능력이 절대적으로 필요하다.

소통이 있는 대화는 상대방을 존중하고 배려하는 마음가짐이 핵심이다. 화자話者는 대화의 통제권을 내려놓고 청자聽者에게 주도권을 주어야 한다. 최고의 소통은 경청과 질문이다. 가정과 학교는 물론 정치권에서도 '관계의 소통'이 이루어지기를 기원한다.

| 소통과 공감의 대화법 |

1. 배려적 질문

- 개방형으로 질문하기
- 간결하고 명확한 질문을 한두 가지만 하기
- 직접적인 질문보다 간접적인 질문하기(확인형, 조사형 질문 지양)
- 문제의 원인을 묻는 질문은 조심스럽게 하기(추궁형, 질책형 질문 지양)
- 질문한 후에는 생각할 여유를 충분히 주기

2. 맥락적 경청

- 수용적인 태도로 공감하며 이야기 중간에 끼어들지 않기
- 상대방이 자연스럽게 말하도록 침묵하기
- 평가적, 선별적, 동정적 경청 피하기
- 상대방의 감정, 이야기의 은유와 상징의 의미 이해하기
- 상대방 이야기의 핵심을 파악해 메모하기

3. 공감적 응답

- 너You보다는, 나I 메시지로 전달(완곡한 표현)
- 그렇지만But보다는, 그래요And의 긍정형 단어 사용(공감적 대화)
- 해야 합니다Shall보다는, 필요합니다Need의 권유형 단어 사용
- 객관적 뉘앙스로 말하기(간접적 표현)
- 상대방의 질문을 존중하면서 자신의 견해를 분명하게 표현하기
- 상대방에게 관심을 보이며 웃는 얼굴로 말하기

2

주도형 대화 대신
경청 대화

나는 훌륭한 대화의 핵심은 경청이라는 사실을 알고 있음에도 불구하고, 그동안 나누었던 많은 대화를 돌이켜 보면 경청했던 시간보다 나의 생각과 의견을 말한 시간이 압도적이었다. 특히 2000년부터 18년 6개월 동안의 장학사, 장학관, 교장, 교육장을 역임하면서 경청의 리더십을 발휘했어야 했는데도 그렇지 못하였음을 고백한다.

회고해 보면 학교 컨설팅에 참여할 때는 지도하는 입장에서 의뢰인의 말은 건성으로 듣고 나의 발언 기회에 들려줄 말에 집중하였고, 직장의 공식적인 회의에서는 시간을 가지고 다른 분들의 목소리를 충분히 경청한 후에 나의 발언을 해야 하는데 습관적으로 대화 과정에 나의 의견을 제기하였다. 강의를 할 때도 청중들과 소통이 활발한 강의를 하여야 하는데 정해진 시간에 연연해 늘 혼자 말하는 강의를 하였다.

상대의 의견을 고려하기보다 내 의견에 치우쳐서 말하는 대화 습관은 일상생활에서도 마찬가지였다. 아내와 이야기를 나눌 때 불편한 내용이라도 감정을 추스르고 계속 경청해야 하는데, 항상 듣는 도중에 내 의견을 개진하였다. 친한 동료나 후배들과 이야기를 나눌 때에도 분위기를 주도하느라 혼자만 이야기하다 보니, 대부분의 사람들이 듣지 않고 있다는 썰렁한 느낌을 받을 때도 있었다.

이러한 나 위주의 대화 습관을 고치려고 지금 재직하고 있는 대학원에서는 항상 토론식 강의를 하고 있다. 토론식 강의를 하니 자연스럽게 학생들과 개인적인 생각을 주고받게 되어 서로 친숙해지고 강의도 재미있어 수업 만족도 평가는 최상위이다. 경청을 기반으로 하는 토론식 강의가 사제관계를 돈독히 하고 있다는 증거이다.

불안, 스트레스, 분노 등의 감정은 소통이 부족한 사회를 살고 있는 사람들이 겪는 일반적인 부정적 정서이다. 이러한 부정적 정서가 싹트는 것은 인간관계를 형성하는 기제인 대화의 방식에 문제가 있기 때문이라고 생각한다. 존중과 배려 없는 일방적 대화는 비정한 개인주의 문화를 양산하면서 갈등과 분노와 폭력사회를 만든다.

그래서 경청 대화attentive communication 기법을 몸에 익혀야 한다. 경청 대화는 상대방의 생각, 느낌, 욕구에 주목하는 대화이며, 존중, 관심, 이해, 공감, 지지가 담긴 사랑의 대화이다. 내가 대화를 시작할 때 꼭 실천하는 누 가지 경청 태도가 있다.

첫째, 상대방이 말을 할 때 무조건 듣는다. 들을 때는 눈을 마주치고 말과 표정, 몸짓 등 비언어적인 표현까지 파악하려고 애쓴다. 그리고 간간이 고개를 끄덕이면서, '정말, 그래서, 그랬구나' 등의 맞장구를 친다. 들어주는 것만으로도 상대는 존중받고 있다는 생각으로 편안하게 말문을 열기 시작한다.

둘째, 상대방의 말이 끝나면 상대방의 언어를 사용하여 질문한다. 여기서 상대방의 언어란 상대의 느낌이나 욕구를 확인하기 위하여 그가 언급한 단어나 문장을 사용한 질문이다. 예를 들어 딸이 엄마에게 '아빠가 나를 어린아이 취급하는 것 같아서 화가 나!'라고 말했을 때, 엄마는 딸에게 '아빠가 너의 자존심을 상하게 해서 화가 난 것이구나?'로 질문하는 방식이다. 이러한 미러링mirroring 방식의 질문은 나의 견해나 욕구가 배제된 말로 상대방과 수평적 관계를 유지하면서 상호작용을 유도하는 존중과 배려의 대화이다.

공감적 소통을 하려면 도와주려고 하거나 문제를 해결하려는 나의 욕구(나의 견해와 감정)를 일단 내려놓고 상대의 입장이 되어 경청해 주는 훈련과 연습이 필요하다. 인지행동치료 전문가인 데이비드 번즈David Burns는 도와주기 중독과 문제해결 중독이 경청을 방해하는 요인이라고 한다. 도와주려는 격려의 말은 고민에 빠진 사람의 마음을 열도록 다독거리기보다는 감정표현을 중단시키는 역효과를 준다. 대화중에는 도와주려는 욕구를 내려놓고 인내심으로 들어주어야 한다.

　또한 문제를 해결해 주겠다는 태도 역시 상대보다는 나의 견해를 부각시키는 결과를 가져와 상대를 더욱 힘들게 한다. 문제를 해결하려는 생각은 오히려 대화의 중단을 야기하고 상대의 감정도 인정하지 않는 우를 범하게 된다. 문제해결은 유보하고 상대 감정의 진실을 이해하는 데 역점을 두어야 한다. 경청 대화는 대화 전체의 수준과 만족도를 높이는 결정적인 역할을 하게 되어, 대화가 끝났을 때 화자와 청자는 서로를 신뢰하고 존중하게 된다.

　이제 우리 교육자들은 학생 훈육을 염두에 둔 '나' 주도형 대화를 지양하고 존중과 배려의 경청 대화를 실천해야 한다. 그래야만 학교에 제자 사랑, 스승 존경 풍토가 조성되고, 학생도 선생님도 행복한 학교문화가 조성될 것이다.

하루 세 번
나에게 하는 질문

우리 공직자들은 '명예와 높은 직책을 얻는 데는 수십 년, 잃는 데는 하루아침'이라는 말을 자주 듣는다. 유명 정치인이나 인기 연예인들이 언행에 신경 쓰지 않아 불명예스럽게 나락으로 빠지는 모습을 볼 때, 그런 말이 새삼 실감 난다.

나는 친한 후배 교육 전문가나 선생님을 만나면 종종 교육자에게 크게 세 가지 자질이 필요하다고 말한다. 바로 '낮은 자세, 청렴, 솔선수범'이다. 풀어서 얘기하자면 '직원으로부터 대우받으려 하지 말고 오히려 존중하라. 이권에 개입하지 말고 금전관계를 명확히 하라. 힘들고 어려운 일은 내가 먼저 하라.'는 뜻이다.

교육자의 자질은 사실 교육을 하는 사람들에게만 요구되는 특별한 자질은 아니다. 사람이 나이를 먹게 되면 대부분이 '나보다 남을 먼저 생각하고, 마음을 내려놓고 비우고, 봉사하는 삶을 살겠다'는 삶의 지혜를 실천하려고 애를 쓴다. 그러한 마음가짐과 행동양식이 바로 교육자들이 갖추어야 할 자질이다.

그렇지만 교육자에게 필요한 자질은 말처럼 쉽게 체득되지 않는다. 부단한 자기관리가 있어야 한다. 매일 실천하면서 습관을 들여야 한다. 공자의 제자인 증자는 훌륭한 사람이 되려면 하루 세 번 반성日三省하며 살아야 한다고 했다. 그 세 가지는 '남을 위해 일함에 있어 불충실하지 않았는가? 친구와 사귐에 있어 신의를 저버린 일은 없었는가? 스승으로부터 배운 학문을 열심히 익혔는가?'이다.

증자의 일삼성日三省은 자신의 내면을 성찰하며 우일신하는 삶을 살아야 한다는 교훈으로 우리 후세에게, 특히 공직자들에게 시사하는 바가 크다. 그렇다면 우리 공직자들에게는 어떤 일삼성이 필요한가? 나는 인간관계의 중요성을 고려하여 '가정의 부모, 배우자 그리고 자녀에게 상처 주는 말을 하였는가?', '직장동료나 부하 직원에게 자존감을 떨어뜨리는 말을 하였는가?', '고객이나 민원인에게 성심껏 봉사하였는가?'의 세 가지 질문을 해 보라 하고 싶다.

일삼성은 자기성찰이며 자기수련의 과정이다. 그리고 궁

극적인 목적은 행복을 누릴 줄 아는 인간, 남으로부터 존경받는 인간이 되는 것이다. 그러면 일삼성이 추구하는 목적을 효과적으로 달성하기 위해서는 어떤 자세와 전략이 필요한가? 무엇보다도 남에게 드러내고 싶지 않은 자신만이 갖고 있는 나쁜 습관에 문제의식을 갖고, 그 습관을 고칠 수 있는 전략을 모색해야 한다.

공직자들에게서 드러나는 나쁜 습관은 남의 말을 귀담아듣지 않거나 남보다 말을 많이 하는 것, 별것 아닌 일에 쉽게 화를 내는 것, 남의 흉을 잘 보는 것, 자신의 존재를 지나치게 부각하려는 것, 돈을 절약하지 않는 것, 절제하지 못하는 음주 등 다양하다. 이러한 부정적인 습관을 버리지 못하면 공직자로서의 자질이 부족하다는 비판을 면하기 어렵다. 그리고 조직의 리더로 성장할 수도 없다.

경험에 의하면 좋은 습관을 들이는 것보다 나쁜 습관을 고치는 것이 더 힘든 것 같다. 선종하신 김수환 추기경님은 '사랑이 머리에서 가슴으로 내려오는 데 70년이 걸렸다'는 말씀을 하셨다. 정말 생각하는 바를 몸으로 실천하는 일은 쉬운 일이 아니다. 그러나 우리 공직자들은 자신의 행복한 삶뿐 아니라, 국민의 행복과 복지를 위해서 일삼성을 생활의 지혜로 삼아 공직자로서의 자질과 품성을 갖추도록 부단한 노력을 해야 한다.

| 카르마와 자기절제 |

카르마Karma는 산스크리트어로 미래에 선악의 결과를 가져오는 입과 몸으로 짓는 행위, 즉 불교의 업業이다. 이 세상의 모든 일이 뿌린 대로 거둔다는 것이다. 살면서 순간순간 하는 행위가 현재뿐 아니라 미래의 우리 삶을 만든다.

행복한 삶을 원한다면 행복의 씨앗을 뿌려야 하고, 성공을 원한다면 성공의 씨앗을 뿌려야 한다. 그렇게 행복과 불행, 건강과 질병, 성공과 실패를 가져다주는 씨앗이 바로 카르마이다.

불교에서는 말과 행동 그리고 생각으로 짓는 세 가지 행위를 삼업三業이라고 한다. 말을 함부로 하면 구업口業을, 행동을 절제하지 않으면 신업身業을, 생각을 절제하지 않으면 분노와 탐욕 등 의업意業을 짓게 된다고 한다.

행복한 삶을 영위하려면 삼업을 염두에 두고 자신을 다스리는 자기절제 능력이 필요하다. 특히 교육자라는 직분을 갖고 있는 선생님들에게는 더욱더 자기절제 능력이 필요하다. 지금 학교에는 부정적 정서를 갖고 있는 학생들이 너무 많다. 선생님들은 분노 조절을 못하는 학생, 말을 듣지 않고 대드는 학생, 폭력적인 학생 등 문제행동을 보이는 학생을 지도하면서 고도의 평정심과 인내심을 발휘하지 않으면 안 된다. 선생님이 지도과정에서 자칫 말실수를 하거나 체벌을 하게 되면 오히려 상황이 악화될 수 있다. 아픈 교육 현실에서 묵묵히 최선을 다하는 우리 선생님들이 존경받는 스승의 길을 가기 위해서는 무엇보다 자기절제 능력이 우선이다.

세심한 지도는
디테일의 힘에서 나온다

디테일detail은 세부, 세목인 아주 작은 부분 또는 상세한 부분을 의미하는 영어 단어이다. '디테일의 힘'이란 북경대학에서 디테일 문제를 연구한 왕중추의 저서, 《디테일의 힘 Power of Detail》에서 유래한 용어이다. 그는 작고 사소한 일을 등한시하거나 대수롭지 않게 생각하여서는 큰일을 할 수 없다는 주장을 하였다.

지당한 말이다. 1:27:300이라는 하인리히 법칙이 있다. 1개의 대형사고가 터지기 전에 평균 27개의 소형사고가 발생하고, 사고 전에 300여 개의 징후가 보인다는 것이다. 모든 일이 그런 통계수치와 일치하지는 않겠으나, 별거 아닌 작은 문제가 나중에 엄청난 문제를 일으킨다는 것은 주목할 만한 진실이다. 항공기의 나사 하나만 빠져도 추락이라는 대형사고가 발생하는 것은 엄연한 사실이다.

디테일의 힘이란 작고 사소한 일도 간과하지 않고 그 원인을 파악하고 해결하여 큰일을 성공적으로 도모하는 능력이다. 학교경영에도 디테일의 힘이 절실히 필요하다. 모든 초중고등학교에서 공통적으로 추진하는 폭력 없는 평화로운 학교 만들기나 학습부진학생 제로운동과 같은 현안과제의 경우도 디테일의 힘이 요구된다. 학생들의 문제행동을 근절하지 못하거나 학습부진 현상을 줄이지 못하는 원인은 디테일하지 못한 관점과 관행에 있다.

학생들의 문제행동에 대하여 평소에 벌점을 주고 일정 기간 벌점이 누적되면 그때서야 일괄적으로 지도를 하는 상벌점제도는 문제행동의 유형과 원인을 철저히 분석한 후의 조치도 아니고 시의적절한 지도시스템도 아니다.

벌점을 받는 학생의 유형은 무단지각과 무단결과, 용의복장 불량, 학습태도 불량, 지시 불이행, 무단외출, 흡연, 기물파손 등 실로 다양하다. 그리고 문제행동의 유형에 따라 원인도 다양하다. 예를 들어 무단지각의 원인은 가정이 빈곤하여 늦게까지 아르바이트를 하는 경우, 컴퓨터나 스마트폰 중독으로 밤잠을 안 자는 경우, 아침에 깨워줄 부모가 없는 경우, 습관적으로 아침에 친구들과 놀다 오는 경우 등 각양각색이다.

또한 학교의 학습부진학생을 기초학습부진, 교과학습부진으로 구분하여 방과 후에 해당 학생들을 모두 모아서 교과지도나 프로그램을 운영하거나 외부기관에 의뢰하는 방식으로는 학생 개개인의 학습부진을 근본적으로 해소하기 어렵다. 학습부진의 유형도 ADHD(주의력 결핍 및 과잉행동장애), LD(학습장애), 3R's(기초학력), 특수교육 학생, 다문화 학생, 요보호 학생, 운동부 학생, 장기결석 학생, 특별관리 학생 등 다양하다.

디테일의 힘은 문제행동 및 학습부진의 유형과 원인을 찾아 개별적으로 맞춤식 지도를 하는 세심함이다. 그러한 세심함이 학교의 현안문제를 근본적으로 해결하는 힘이다. 세심한 지도야말로 교육의 본질과 학교의 정체성을 확립하는 길이며 학교혁신의 원동력이다.

대기업에서 종종 사용하는 연구 방법인 액션러닝Action Learning 은 디테일의 힘을 발휘하는 집단사고 활동이다. 문제의 실태를 정확히 분석하고, 핵심원인을 찾아내고, 그 해결방안을 모색하고, 구체적인 액션플랜을 세우는 프로세스가 학교경영에도 도입되어야 한다. 서울특별시교육청에서 '토론이 있는 교직원 회의'를 정책의 핵심과제로 설정하고 학교를 전폭적으로 지원하고 있는 것은 디테일한 학교경영을 목적으로 학교에 토론문화와 연구 분위기를 조성하려는 것이다.

하루속히 실천해야 할
토론수업

교육계에서 '퍼실리테이터facilitator'라는 용어는 알아도 퍼실리테이터의 역할이 무엇이냐는 질문을 받으면 자신 있게 답변하시는 분은 많지 않을 것으로 생각한다. 그 이유는 학교에서 실제로 토론수업을 하는 분들이 많지 않기 때문이다.

퍼실리테이터는 토론 진행자(조력자)로서 토론 분위기 조성, 대화 촉진, 코디네이터 및 학습 코치 역할을 수행한다. 학교의 인성교육과 인권교육은 토론수업으로 진행할 필요가 있으며, 토론수업이 효과적으로 진행되기 위해서는 교사는 훌륭한 퍼실리테이터가 되어야 한다.

로데스Lynn K. Rhodes와 벨라미G. Thomas Bellamy는 1999년에

발표한 교육 혁신과 관련한 논문에서 기존의 교사와 퍼실리테이터의 역할을 다음과 같이 비교하였다.

- 퍼실리테이터는 말하지 않고 질문한다(A teacher tells, a facilitator asks).
- 학생들 앞에서 강의하는 것이 아니고 뒤에서 도와준다(A teacher lectures from the front, a facilitator supports from the back).
- 짜인 교육과정에 따라 질문하는 것이 아니고 학습자들이 스스로 결론에 도달할 수 있도록 방향을 제시하고 수업 분위기를 조성한다(A teacher gives answers according to set curriculum, a facilitator provides guidelines and creates the environment for the learner to arrive at his or her own conclusions).
- 혼자서만 말하지 않고 학습자들과 끊임없이 대화를 나눈다(A teacher mostly gives a monologue, a facilitator is in continuous dialogue with the learners).

본인의 교육대학원 수업 경험을 바탕으로 학습자 중심의 토론수업을 진행할 때에 필요한 퍼실리테이터의 역할을 몇 가지 안내한다.

1. 열린 대화와 효과적인 의사소통이 가능한 토론 그룹을 조성한다.

2. 학습자들이 정보, 의견, 경험 등을 주고받도록 돕는다(NGT 기법 사용).

3. 토론 진행 과정과 논의 중인 내용을 주의 깊게 관찰한다.

4. 학습자 개개인이 토론의 룰을 준수하며 책임 있는 행동을 하도록 한다.

5. 학습자 간의 지속적인 친밀관계가 유지되도록 중매자 역할을 한다.

6. 그룹별 발표 시 다양한 질문을 하도록 하며 답변은 발표자가 하지 않고 반전질문reverse question이나 중계질문relay question 방식으로 토론 그룹에서 하도록 한다.

이어서 퍼실리테이터의 역할 수행에 필요한 의사소통기술을 소개한다. 국제인증 퍼실리테이터 이지선 씨의 강연을 참고하였다.

• Acknowledging(알아채기) : 참여자의 감정을 알아내고 표면화하여 그룹이 그 상황을 인지하고 받아들이도록 하는 기술

• Stacking(잡아두기) : 참여자가 동시에 발언할 경우, 발언

권에 대한 경쟁이 발생하지 않도록 순서를 정하는 기술

• Tracking(추적하기) : 동시에 여러 가지 주제가 논의될 경우, 논의가 체계적으로 이루어질 수 있도록 지원하는 기술

• Balancing(균형잡기) : 그룹의 소수가 논의를 독점하는 것을 방지하여 그룹의 폭넓은 참여를 유도하는 기술

• Mirroring(따라 말하기) : 참여사의 빌인을 그대로 따라 해서 발언자에게 신뢰를 주고 왜곡을 방지하는 기술

• Paraphrasing(바꿔 말하기) : 참여자의 발언을 유사한 말로 따라 하면서 발언자에게 신뢰를 주고 의미를 명확히 하는 기술

• Summarizing(요약하기) : 논의된 내용을 명확히 하거나 다음 단계로 이동하기 위해 요약하여 제시하는 기술

• Presenting(발표하기) : 미리 정리된 정보를 참여자에게 동시에 발표하여 이해하도록 돕는 기술

• Linking(연결하기) : 참여자의 발언이 전체 논의와 어떤 맥락을 이루고 있는지 설명할 수 있도록 지원하는 기술

• Validating(유효화하기) : 참여자의 발언이 옳다고 동의하는 것은 아니나 정당한 의견으로 받아들이는 기술

• Empathizing(공감하기) : 참여자의 감정을 이해하고 동일시하여 공감하는 기술

• Intentional Silence(의도적 침묵) : 참여자에게 말할 것

이 있는지 확인하는 데 필요한 시간을 위하여 몇 초간 조용히 기다리는 기술

우리나라의 중고등학교는 상급학교 진학을 위한 지식 중심의 경쟁교육을 하고 있어 강의식 교육이 일반화되어 있다. 간혹 교육청에서 예산을 지원받은 학교의 경우에는 독서토론 프로그램을 운영하기는 하나 극히 일부분의 학교이다.

학생들의 창의성과 인성을 계발하려면 토론수업은 필수적인 데도 불구하고 예나 지금이나 교사 중심의 강의만 하고 있는 상황이니 노벨상 수상은 언감생심이다. 대한민국의 모든 학교는 유대인들의 하브루타 교육(둘씩 짝을 지어 토론하고 논쟁하는 교육방식)은 어렵더라고 하루속히 수업방식을 토론수업으로 전환해야 한다.

정부와 교육청은 학교에 창의교육, 인성교육이 가능한 토론수업 문화가 정착될 수 있도록 모든 행정 역량을 집중해야 한다. 특히 정부에서 가장 먼저 해야 할 일은 지금의 한 줄 세우기 대학수학능력시험 방식을 유럽형의 진로 중심의 자격고사로 과감하게 바꾸는 것이다. 정부의 그러한 결단이 없으면 중고등학교의 수업방식은 앞으로도 계속 강의식 수업 일변도일 것으로 사료된다.

| 하브루타 교육의 참여 학습 |

다음은 국제교육연구소National Training Lavoratories 베텔에서 제공한 학습 방법에 따른 평균 기억율이다.

평균 기억율(Average Retention Rates)

	5%	수업 듣기(Lecture)
	10%	읽기(Reading)
수동적 학습방법 (Passive Teaching Method)	20%	듣고 보기(Audio-Visual)
	30%	시연하기(Demonstration)
참여적 학습방법 (Participatory Teaching Method)	50%	집단토의(Group Discussion)
	75%	연습(Practice)
	90%	가르치기(Teaching Others)

학습 방법에 따른 기억율은 토론이 강의보다 10배, 친구 가르치기는 18배 높다. 참여형 학습 방법인 하브루타 교육은 집단토론, 실습, 가르치기를 모두 아우르는 최고의 학습 방법이다. 하브루타 교육의 특징은 다음과 같다.

- 설명이나 지시보다 질문을 많이 한다.
- 정답을 알려주지 않고 다시 질문한다.
- 하브루타 교육 전에 충분히 준비시킨다Flipped Learning.
- 학생 스스로 판단하고 결정하게 한다.
- 남과 다르게 생각하도록 유도한다.
- 구체적인 근거를 들어 칭찬한다.

컨설턴트의
자질과 품성

2012년 전국의 초중고등학교는 학교자율경영체제를 지향하고자 교육청 주관으로 실시하는 종합장학을 없애고 단위학교 요청에 의한 학교컨설팅장학이 생겼다. 서울시교육청의 경우는 교과별로 그리고 학교경영, 교육과정, 생활지도, 교육환경 등 분야별로 학교를 지원하는 컨설팅장학지원단이 운영되고 있다.

지원단에 소속된 컨설턴트는 학교가 직면한 과제나 어려운 문제를 집단사고와 공동연구를 통하여 실천 가능한 방안을 모색하는 역할을 담당하고 있다. 효과적이며 성공적인 컨설팅장학이 이루어지기 위해서는 무엇보다도 컨설턴트의 수

준 높은 교육 전문성과 컨설팅장학 능력이 수반되어야 한다. 따라서 컨설턴트 개개인은 전문성으로서의 자질과 품성을 갖추도록 자기연찬을 꾸준히 해야 한다.

최고령이자 최장수 비서이며 커리어우먼인 전성희 씨는 저서《성공하는 CEO 뒤엔 명품비서가 있다》에서 조직의 리더가 갖춰야 할 역량으로 기억력, 집중력, 순발력, 책임감, 겸손, 자신감을 강조하였다. 이 여섯 가지 역량을 컨설팅장학에 임하는 컨설턴트의 자질과 품성에 적용해 보았다.

1. 데이터 활용력

컨설턴트는 설득력 있는 주장과 논리 전개를 위하여 교육 관련 데이터와 우수사례를 많이 확보하여 적재적소에 활용할 수 있어야 한다. 유의미한 데이터들을 늘 업데이트하며, 즉시 사용 가능한 기초자료들을 가지고 있어야 한다. 정확한 데이터를 시의적절하게 활용하는 능력은 개개인의 타고난 기억력에 의하여 발휘되는 것이 아니고, 평소에 교육문제에 관하여 관심을 갖고 데이터를 모으고 정리하는 습관에서 생기는 것이다. 메모하는 습관을 갖자.

2. 집중력

집중력은 상대의 말과 행동을 주의 깊게 관찰해서 의사표현의 핵심을 파악하고 공감하게 해 준다. 집중하게 되면 조심성이 수반되어 경솔한 판단을 내리지 않게 된다. 컨설턴트는 상대방의 말을 진지하게 경청하는 자세가 필요하다. 123스피치 기법이 있다. 자신이 1분 이야기하면, 2분은 들어주고, 3분은 고개를 끄덕이라는 뜻이다. 자신의 생각만 강조하지 말고 상대방의 의중을 헤아리면서 맥락적 대화를 해라.

3. 순발력

고도의 순발력과 임기응변의 지혜는 위기를 감당하는 역량이다. 남들보다 먼저 문제를 인식하고 상황 판단을 하여 가장 빨리 문제해결을 모색하는 능력이 순발력이다. 컨설팅을 하는 과정에서 간혹 이념적 갈등이나 긍정과 부정의 입장이 내포된 질의응답으로 난처한 상황이 생길 수도 있다. 이때에 컨설턴트에게는 대화의 분위기를 전환하거나 돌발적인 질문에 적절히 응답하는 능력이 필요하다.

4. 책임감

책임감은 권리가 아니라 의무이다. 어느 조직에서나 책임의식이 결여된 사람은 존중받지 못한다. 컨설턴트는 일단 컨설팅 의뢰를 받으면 컨설팅장학지원단의 업무와 학교 컨설팅 임무에 열정을 갖고 최선을 다해야 한다. 자신의 개인적인 시간과 업무 등의 사적인 생활에 연연하면서 컨설팅장학 업무를 적당히 수행하는 무책임한 모습을 보여서는 안 된다.

5. 겸손

남의 말에 귀 기울이지 않고 자기 마음대로 일을 처리하려고 하면 주변의 이해와 협조를 얻는 데 많은 어려움을 겪는다. 진정한 리더는 낮은 자세로, 대접받으려 하지 않고, 어려운 일은 내가 책임진다는 겸손한 마음가짐으로 조직을 이끌어 가야 한다.

마찬가지로 컨설턴트도 겸손의 리더십을 발휘해야 한다. 과거의 담임장학이나 종합장학과 같이 지도 조언하는 입장에서 대화를 나눈다면 자칫 권위주의적인 인상을 줄 수도 있다. 수평적인 관계, 대등적 관계의 이미지와 분위기를 견지하기 위해서는 무엇보다 겸손해야 한다.

6. 자신감

자신감 있는 사람은 무슨 일이든지 다 할 수 있다는 긍정적인 생각으로 새로운 아이디어를 받아들이기를 주저하지 않으며 변화를 두려워하지 않는다. 그런 사람이 변화와 혁신을 선도한다. 컨설턴트에게는 학교 조직문화의 변화와 혁신에 대한 열정과 자신감이 있어야 한다. 변화하는 시대의 트렌드와 다가오는 미래사회의 모습에 늘 관심을 갖고 교육문화의 선진화에 앞장서면 자연스럽게 교육에 대한 열정과 자신감이 싹트게 될 것이다.

학교컨설팅장학을 담당하는 컨설턴트는 개인이 아니라 공인의 자격으로 학교를 방문한다고 생각해야 한다. 그런 점에서 교육의 전문성 못지않게 책무성이 매우 중요하다. 그리고 컨설턴트들은 지도·조언을 하는 권위적인 입장을 지양하고 공감하고 함께 고민하는 수평적 리더십과 학교의 의뢰인단이 마음껏 이야기보따리를 풀어 놓도록 존중과 배려의 마음으로 경청하고 인정하는 소통 리더십을 발휘하여야 한다.

| 컨설턴트의 다양한 대화 기술 |

1. 미스리딩 Misleading

미스리딩이란 상대방의 의견이나 대답을 자신에게 유리한 방향으로 유도하는 방법으로, 이야기할 때 상대방이 무심코 그 전제에 편승해서 장단을 맞추도록 하는 대화술이다.

> ㉠ "날씨가 정말 싸늘하네요. 따뜻한 커피가 좋겠지요?"
>
> "아이들을 위한 일이니까, 1만 원 후원금에 찬성하시죠?"

2. 긍정적 기대의 말

긍정적 기대의 말은 피그말리온 효과가 있어 상대방의 자존감을 높이고 대화 분위기를 화기애애하게 만든다. 말에 힘이 붙고 표정에 활기가 생긴다.

> ㉠ "다양한 경험과 전문성을 갖고 계시니 좋은 결과가 있을 거예요."
>
> "선생님들께서 상담을 열심히 하시니, 평화로운 학교문화가 조성되겠어요."

3. 가치중립적인 말

비평이나 반론에 일일이 민감하게 대응하지 않으며 같이 진지해지지 않는다. 감정적인 대응을 피하면서 유연하게 대처한다. 웃음으로 대응하는 것도 한 방법이다.

> ㉠ "교육청에서 학생인권을 너무 강조하니 생활지도가 점점 어려워요!"
>
> "공감해요. 선생님들이 많이 힘들어 하세요. 학생들의 인권의식이 높아지면 교권도 존중될 것이라 생각해요."

4. 관점 전환의 말Perspective Talking

상대방의 관점이나 시점을 자신의 관점이나 시점으로 받아들여 사물을 이해하고 말하는 대화 방식이다. 역지사지의 맥락적 대화도 여기에 속한다.

> 예 "학교폭력법을 바꾸지 않으면 학교의 교사는 본연의 업무인 수업조차 하기 힘들어요!"
>
> "그렇습니다. 법을 바꾸어야 해요."

5. 콜드 리딩Cold Reading

전문적인 심리 조정가 혹은 말솜씨 있는 사람이 상대에 대한 사전 지식이 없는 상태에서 상대의 마음을 읽어내는 것처럼 행동하는 것을 의미한다.

> 예 "생활지도부에서는 학년담임의 협조가 부족하여 문제행동학생 지도에 어려움이 많지요?"

6. 기세를 낮춘 말

의견을 주장할 때 자신도 모르게 흥분하여 톤이 높아지거나 자기논리에 빠져 논의에 벗어나는 말을 하기도 한다. 그러면 회의 분위기를 망치게 된다. 시종일관 낮은 톤과 미소로 예의 있게 말한다. 그리고 권위적, 비판적, 지시적인 태도의 발언은 삼가한다. 가르치려는 말은 상대의 귀를 막는다.

7. 쉽고 온화한 말

무엇을 말하는 것보다 어떻게 말하느냐가 더욱 중요하다. 쉽게 설명하고 예를 들어 말하는 것이 이해력을 높인다.

7

사회 현안 토론수업의 관건은 교사의 의지와 전문성

학교의 토론문화를 언급할 때면, 서울시교육청의 두 가지 정책이 생각난다. 〈토론이 있는 교직원회의〉와 〈창의·인성교육을 위한 토론수업〉이다. 서울시교육청은 2015학년도부터 학교 발전과 혁신의 핵심동력은 학교에 토론문화를 조성하는 것이라는 판단으로 〈토론이 있는 교직원회의〉를 교육청의 핵심정책으로 정하고, 학교에 토론 매뉴얼을 배부하고 컨설팅장학 및 교원연수를 다양하게 시행하였다. 아울러 창의·인성교육을 구현하기 위하여 학교의 수업방법을 토론수업이나 협력수업으로 전환하도록 지속적으로 강조하여 왔다.

그러한 교육청의 노력에도 불구하고 학교에는 토론방식의 교직원회의나 토론수업이 제대로 정착되지 못하였다. 그 원인은 여러 가지가 있겠으나, 예나 지금이나 인간교육을 지향한 민주시민성이나 인권감수성을 높이는 교육보다는 명문학교 진학을 위한 입시 위주의 경쟁교육과 지식교육에 치중하는 교육과정 운영이 핵심원인이라고 생각한다.

2018년 하반기부터 서울시의 중고등학교는 학교 내 스쿨미투 및 페미니즘 운동, 표현의 자유를 주장하는 학생시위 등으로 정치사회적 현안을 학교 수업에서 다루지 않으면 안 되는 상황에 직면하고 있다. 그동안 학교의 교육자들은 우리 사회의 정치사회적 이슈에 관한 수업을 금기시하여 왔다. 그런 자세가 교육의 정치적 중립을 준수하는 것이라 생각했기 때문이다. 그러나 지금 우리는 다양성과 차이를 존중하고 공동체의 정의와 가치를 중시하는 글로벌시민사회에 살고 있다. 과거의 교육방식을 탈피하고 변화하는 시대적 상황에 적합한 교육을 고민해야 한다.

이제 우리 교육자들은 학생과 학교를 바라보는 관점을 바꾸어야 한다. 학생은 교복 입은 시민이며, 그들이 생활하는 학교는 시민사회라는 생각을 갖고 학교에서 학생들의 삶과 관련 있는 사회 현안에 관하여 수업에서 다루어야 한다. 그 수업은 학생 참여형 토론수업이어야 한다.

독일은 1976년부터 민주시민성과 인권의식 함양을 위한 교육방법으로서의 보이텔스바하 협약Beutelsbacher Konsens의 3원칙(논쟁 재현 원칙, 주입·교화 금지 원칙, 삶과의 관계성 원칙)을 학교 교육에 적용하고 있으며, 영국은 1998년에 시민교육의 목적과 방향, 형식과 내용을 상세히 제시한 크릭보고서Crick's Report를 정부 자원에서 발표하였고, 모든 학교에서는 민주시민성 교육을 학교교육과정에서 체계적으로 실시하고 있다. 보고서에서 요구하는 시민성은 사회적·도덕적 책임감, 사회 참여, 정치의식이다.

대한민국도 늦은 감은 있지만 다행스럽게도 민주시민교육의 필요성을 절감하고 학교 교육에서의 민주시민교육을 어떻게 효과적으로 할 것인지 심층연구에 착수하였다. 2019년 12월 7일 교육부에서는 12개 대학에 용역과제로 부여한 '학교 민주시민교육 어떻게 할 것인가'에 대한 연구결과를 발표하는 콘퍼런스를 개최하였고, 12월 17일에는 서울시교육청에서 '사회 현안 토론수업, 어떻게 할 것인가'를 주제로 교육관계자들이 모여 원탁토론을 진행하였다. 이 두 행사는 민주시민교육의 원칙과 방법을 정하고, 시민교육의 가치와 시민역량 등을 정의하는 열린 토론이었다.

한양대 교육대학원에서 3년째 토론수업을 진행하고 있는 경험을 바탕으로 민주시민교육과 사회 현안 토론수업에 대하여 두 가지만 제언하고자 한다.

첫째, 독일이나 영국 등과 같이 민주시민교육의 중요성을 정부 차원에서 강조하고, 학교교육에서 반드시 실천하도록 해야 한다. 정부에서 교육 원칙과 방법을 제시하는 것도 필요하지만, 공교육기관인 학교에서 의무적으로 민주시민성 함양 교육을 충실히 할 수 있는 제도와 교육 결과를 분석·평가하는 시스템 마련이 중요하다.

경기도교육청은 모든 학교가 연 2회 인권교육 실적을 자체평가하도록 하며, 매년 학생인권실태를 디테일하게 조사하고, 그 결과를 익년도 정책에 반영하고 있다. 이와 같이 초중등학교에 '자발적 책무성'을 부여하는 정책은 타 시도교육청으로 확산될 필요가 있다.

둘째, 정부와 교육청은 학교에 토론수업이 정착되도록 교사의 실천의지를 유도하고 전문성을 함양하는 데에 주력해야 한다. 교사의 역할이 매우 중요하다는 뜻이다. 교사는 토론에 개입하여 교화하거나 주입해서는 안 되겠지만, 토론의 질을 높이기 위한 퍼실리테이터의 역할은 충실히 해야한다. 환언하면, 교사도 중립적인 방관자의 입장만을 고수해서는 안 되고, 한 명의 토론자 입장에서 의견을 제시할 수도 있어야 한다는 뜻이다.

특히, 사회 현안 토론수업을 하고자 하는 교사는 민감한 정치사회적 이슈를 다룰 때에 자신도 모르게 고정관념이나 편견이 작용할 수 있으므로 가급적 토론수업 전에 동료 교사들과 함께 토론 진행 과정을 미리 연구할 필요가 있다.

사회 현안 토론수업에 임하는 교사들의 전문성 제고를 위하여 영국의 크릭보고서에 담긴 몇 가지 금지사항을 안내한다.

- 정보를 소개할 때, 다른 해석이나 판단, 혹은 모순의 여지가 없는 것처럼 얘기하는 것
- 특정 사실이나 증거에 대하여 특별히 강조함으로써 정보를 다루는 데에 차별을 두는 것
- 사실에 관한 것뿐만 아니라, 의견에 관해서도 교사 자신의 의견이 정통한 것이라고 주장하는 것
- 여러 단체들이 주장하거나 강조한 것을 그대로 전하는 것이 아니라 교사 자신이 재해석하여 전하는 것
- 얼굴 표정이나 몸짓, 목소리 등으로 자신의 호불호를 드러내는 것
- 너무 성급하게 결론을 내리고 반대의견을 고려하지 않는 것

8

교원의 정치적 표현의 자유를
보장하자

국가공무원이자 특정직공무원인 교원은 헌법 제21조 1항인 "모든 국민은 언론·출판의 자유와 집회·결사의 자유를 가진다"와 유엔 시민적·정치적 권리에 관한 국제규약 제19조 1항인 "모든 사람은 표현의 자유에 대한 권리를 가진다"에 의거하여 기본권으로서의 표현의 자유를 보장받아야 하나, 전혀 그렇지 못하다. 국가공무원법과 공직선거법 등이 교원의 정치적 활동이나 표현의 자유를 원천적으로 금지하고 있기 때문이다. 국가공무원법 제65조 1항에서 '공무원은 정당이나 그 밖의 정치단체 결성에 관여하거나 이에 가입할 수 없다'고 규정하고 있으며, 공직선거법 제86조에는 공무원 등의 선거에 영향을 미치는 행위금지 조항이 상세히 열거되어 있다.

헌법으로 보장된 기본권으로서의 표현의 자유를 제한하는 법률은 인권의 본질을 침해하지 않는 관점에서 목적의 정당성, 수단의 적정성, 침해의 최소성, 공익과 사익의 비교형량이 신중히 검토되어야 한다.

1949년에 제정된 국가공무원법은 제2차 세계대전이 한창인 1940년 미국에서 공무원의 정치적 참여를 포괄적으로 제한한 '햇치법Hatch Act의 영향을 받았다고 한다. 그러나 미국의 햇치법도 공무원의 기본권 존중을 위하여 1993년 클린턴 정부에서 개정하였다. 선거에 개입할 목적이나 선거결과에 영향을 미칠 목적으로 자신의 권한이나 영향력을 행사하는 것, 정치헌금을 권유 또는 수령하는 것, 정당을 대표하여 입후보하는 것 등 특수한 경우를 제외하고는 공무원의 정치적 활동을 원칙적으로 보장하고 있다.

독일의 경우는 독일연방공무원법 제53조에 공무원은 국민 전체의 공복이지 정당의 봉사자가 아니라는 점과 직무수행의 공평성 유지, 정당 활동을 함에 있어 그의 직무수행을 고려하여 절제와 억제가 필요하다는 규정을 두고 있다. 공무원의 정치적 중립 문제를 당사자의 양심 문제로 보고 있는 것이다. 미국의 햇치법에 영향을 받은 일본도 중앙정부의 공무원인 경우 정치 활동이 제한되지만, 자신의 근무지가 아닌 지역에서는 선거운동, 정치자금 모금, 서명운동은 가능하다. 프랑스도 공무 중 또는 근무지를 제외한 모든 시간과 장소에서는 개인적으로 정당 가입과 정치활동을 할 수 있다.(이재진, 이정기《표현, 언론 그리고 집회결사의 자유》)

교원은 공무원의 옷을 입고 있으나 민주공화국의 시민이다. 정치적 주체로서 기본적 권리를 행사할 수 있어야 한다. 학교의 교육과정 운영을 저해하고 학생의 학습권을 침해한다는 검증되지 않은 논리로 교원의 선거권을 제외한 모든 정치적 표현의 자유를 전면 금지해야 한다는 주장은 시대착오적인 생각이다.

1987년 6월 전국적인 민주화운동 이후 지금의 학교는 과거와는 완전히 다른 모습으로 변하고 있다. 2020년부터 만 18세의 학생은 정당에 가입할 수 있고 정치적 활동도 할 수 있다. 이제 고등학교는 학생들이 선거법에 위반되지 않는 바람직한 정치적 활동을 할 수 있도록 민주시민교육의 일환으로 정치교육을 해야 하는 상황에 직면하였다.

서울시교육청에서는 이미 2018년부터 학교의 제반 문제뿐만 아니라 정치사회적으로 논쟁이 되고 있는 현안에 대해서도 토론수업을 하도록 중고등학교에 권장하고 있다. 독일에서 성공한 정치교육(민주시민교육)의 방법인 보이텔스바하 3원칙(논쟁 재현의 원칙, 주입·교화 금지의 원칙, 삶의 연계성 원칙)을 토론수업에 적용해 보도록 관련 책자도 학교에 보급하였다. 이러한 교육청의 장학 활동은 스쿨 미투, 페미니즘 등 학교 내외의 학생 인권운동 확산에 조응하여 학교의 조직문화를 소통과 공감의 토론문화로 바꾸어야 한다는 당위성에 기반하여 시행하는 시의적절한 교육정책이다.

문제는 토론수업을 진행해야 하는 교사의 입장이다. 그동안 교사는 공무원의 정치적 중립이라는 족쇄 탓에 정치사회적인 이슈를 주제로 토론수업을 해 본 적이 거의 없으며, 혹시 수업을 하다가 정치적 발언으로 선거법 위반이니 하는 곤혹을 치를 수도 있다는 두려움으로 아예 정치와 관련된 민감한 주제의 토론수업은 하지 않았다.

이제는 상황이 달라졌다. 학생들은 입후보자들의 공약을 분석하고 나름대로 소신 발언도 하며 위법하지 않은 범위에서 선거운동도 한다. 그리고 수업에서 정치사회적 현안에 관한 질문도 하고, 토론수업을 하자는 제안도 할 것이다. 이러한 상황에서 교사들이 국가공무원법과 공직선거법을 의식하지 않고 망설임이나 자기점검 없이 제대로 수업을 할 수 있겠는가? 토론 분위기를 이끌어 가는 교사는 퍼실리테이터의 역할을 충실히 해야 하나, 교사라는 지위를 이용하여 주입하거나 교화하지 않고 특정 후보나 정당에 유리하도록 권한 행사를 하지 않는다면, 상황에 따라 개인적 소신 발언인 정치적 의사표현은 할 수 있어야 토론수업이 원만히 진행될 수 있다. 토론수업에서의 교사는 진행자이자 1/n의 토론자이어야 한다.

교원의 정치적 의사표현의 자유에 대해서는 미국, 독일, 일본, 프랑스처럼 공직자로서 정치적 중립성은 준수하도록 하되 주권자로서의 기본권은 보장해 주는 비교형량적인 법 개정이 필요하다. 그래야 교사들이 '공직선거법 위반 아닌가요?'라는 학생과 학부모의 부정적 시각이나 위축효과 chilling effect로부터 자유롭게 정치사회적인 현안을 주제로 토론수업을 할 수 있을 것이다.

교실 수업에서의 교사의 정치적 의사표현이 타인의 자유와 권리, 또는 공익과 개인의 인격권을 침해했는지의 여부는 오로지 수업하는 교사의 언행에 달려있다. 평생교육기관에서 시민을 대상으로 하는 성인강좌에서도 강사 자신이 자신의 발언에 책임을 져야 하는 문제와 동일한 논리이다. 영국의 민주시민성교육의 내용과 방법을 상세히 제시한 크릭보고서Crick's Report에는 수업 상황에서 교사들이 반드시 유의해야 할 발언들이 명시되어 있다. 특정 사실이나 증거에 대하여 특별히 강조함으로써 정보를 다루는 데에 차별을 두는 것, 사실뿐만 아니라 의견에 관해서도 교사 자신의 의견이 정통한 것이라고 주장하는 것, 여러 단체들이 주장하는 것을 그대로 전하지 않고 교사 자신이 재해석하여 전하는 것, 너무 성급하게 결론을 내리고 반대의견을 고려하지 않는 것 등이다.

우리나라의 정치적 상황으로는 교원의 표현의 자유를 인정하는 법이 언제 개정될 지 예측 불가능하나, 반드시 시대적 상황과 변하는 학교 문화를 염두에 두고 법 개정이 이루어져야 한다. 그리고 우리 선생님들은 법과 제도의 도입만을 마냥 기다릴 수는 없다. 현실적으로 금년부터 정치교육을 하지 않으면 안 되는 상황이기 때문이다. 하루속히 교육부와 시도교육청은 정치교육을 하는 데 도움이 되는 매뉴얼 등 참고자료를 만들어 학교와 가정으로 보내야 하며, 일선 학교의 교사 개개인은 토론수업의 전문성과 역량을 함양해야 한다. 정치사회적으로 민감한 주제의 토론수업은 관련 교과 선생님들이 지혜를 모아 협력수업 방식으로 진행하면 개인 부담은 적고 교육적 효과는 더욱 높아질 것으로 생각한다.

* 이 글은 이재진, 이정기의 《표현, 언론 그리고 집회결사의 자유》의 일부를 참고하여 작성되었습니다.

6장

학교운영 편

교육공동체가 동참하는 학교 조직문화

1
학교경영 혁신을 위한
교무분장 전략

초중고등학교에서는 매 학년도가 끝나는 12월과 교사 전보가 이루어지는 익년도 2월 초에 신학년도 교무분장으로 인한 많은 고민과 진통을 겪는다. 문제행동학생을 연중 지도해야만 하는 생활지도부 기피, 학급경영을 해야 하는 담임 업무 회피, 비교적 지도가 수월한 3학년 선호 등으로 인하여, 학교장은 모든 교직원의 희망을 반영한 업무분장은 할 수 없다. 그렇기 때문에 교직원 개개인의 불만과 의욕상실 그리고 학교장과 교사 간의 갈등은 필연적이다.

학교의 교무분장은 교육 목표를 달성하기 위하여 교무를 교직원에게 분담하는 것이다. 교무분장은 학교 규모, 교직원 구성(성별, 연령, 직원 수), 교육 목표와 실천과제, 교직원의 전문성과 특성, 시설·설비 등 학교의 제반 여건을 고려하여 편성하여야 한다.

학교의 다양한 여건과 교직원의 역량을 분석적으로 고려하지 않고, 개인의 경력이나 희망만을 고려한 교무분장을 하게 되면, 학교 조직운영에 문제가 발생한다. 먼저 조직에서 부장의 리더십이 발휘되지 않고 구성원의 유대감이 줄어든다. 부서 내의 구성원들이 서로 보조를 맞추며 함께 실천하기 위한 협의회가 활성화되어야 하는데 이게 원활하지 않게 된다. 또한 구성원들의 사명감과 책임감이 결여되고 매너리즘 경향이 두드러진다. 직무수행 과정과 결과에 대한 자기평가, 상호평가를 하여 반성하고 개선하려는 의식도 부족해진다. 더불어 부서 간 협력시스템도 조성되지 않는다.

학교장은 이러한 문제점이 발생하지 않도록 연말에 시간을 가지고 교직원들과 함께 지혜를 모아 업무분장을 위한 치밀한 준비와 계획을 세워야 한다. 관행적으로 발생하는 문제점들을 근본적으로 해소할 수 있는 업무분장 전략을 몇 가지 제언한다.

첫째, 부장 임명을 잘 해야 한다. 학교의 부장은 중간관리자로서 그 역할은 매우 중요하다. 관행적으로 교육 경력과 연령이 많은 교사를 부장으로 임명하는데, 부장에게는 경력이나 연령보다도 부서를 이끌어 가는 리더십과 열정이 더욱 중요하다.

둘째, 업무분석을 철저히 한 후 형평성 있는 업무분장을 한다. 부서별로 추진하였던 업무를 치밀하게 분석하여, 시간을 요하는 업무, 단순업무, 상시업무, 협업이 필요한 업무 등 업무 부담의 정도를 사전에 공개하고 형평성 있는 업무분장이 되도록 한다. 그래야 기피부서와 선호부서로 인한 쏠림현상을 해소하고 불만을 최소화할 수 있다.

셋째, 학교 내에 협업체제를 구축한다. 학교폭력 예방시스템 운영, 인권친화적인 학교문화 조성, 학생자치활동 활성화 등은 부서 간의 벽을 허물고 연대하여 협력적으로 추진해야 할 업무이다. 주관부서와 관련부서를 명시하고 부서별 담당자의 협력 업무의 내용과 범위, 책임을 명확히 해야 한다.

넷째, 업무평가는 충실히 한다. 업무평가는 학교자체평가를 하는 연말에 몰아서 하지 말고, 교육활동이 끝나면 바로 관련부서의 실무자들이 함께 모여서 성과평가(중간평가)를 진지하게 하는 관행을 만들어서 학교에 토론문화가 정착되도록 한다. 시행한 업무에 관하여 결과평가는 소홀히 하고 밥만 먹는 회의를 해서는 안 된다.

| 성공적인 협상을 위한 조언 |

학교장과 교감은 부장 및 학급담임 임명, 부서 배치와 업무분장을 할 때, 불만을 제기할 만한 교사와 협상을 하게 된다. 이에 성공적인 협상을 위한 팁을 몇 가지 소개한다.

- 사람마다 관점과 생각이 다름을 인정하고 공감적 대화의 자세를 취하라.
- 최악의 시나리오를 예상하고 철저히 사전 준비를 하라.
- 여유 있는 시간대와 쾌적한 장소를 선택하라. 가장 낭만적인 곳에서 최적의 합의가 성사된다.
- 협상 과정에서 농담이나 흥미로운 화제에 관한 대화로 부드러운 분위기를 조성하라. 유머와 미소는 자연스럽게 마음의 문을 열게 한다.
- 친밀감을 갖기 위하여 조직의 입장이 아닌 자신의 개인적 관점을 지나치게 드러낼 경우, 자신은 물론 조직에 해를 끼칠 수 있다.
- 적대적인 상황이라도 상대방의 자존감을 높여 주며 친근하게 대하면 분위기가 좋아진다. 비전을 제시하고 함께 노력할 수 있는 일에 초점을 맞추라.
- 상대의 의견에 동의하지 않더라도 즉시 이견을 말하지 마라. 그리고 시간이 없다고 억지로 협상 내용을 종결짓지 마라.
- 상대방의 제안에 섣불리 약속하지 마라. 장단점 등 조직운영에 미치는 영향을 신중히 검토해야 하므로 잠정적인 조건부 합의만 하라.
- 상대방이 수용할 수 없는 극단적인 제안을 해도 감정적으로 대응하지 말고 경청하며 타당성 있는 입장을 전달하라.
- 협상의 상대가 여러 명이라도 각 개인에 초점을 맞추어라. 같은 조직원이라도 관점과 태도가 다르므로 학교경영에 유리한 입장의 견해를 지지하라.

②
교사의 자발성 유도는
어떻게?

　성공적인 학교, 좋은 학교는 교사들의 자발성과 열정이
확연히 드러난다. 반면에 학생과 학부모의 만족도가 낮은 학
교는 일반적으로 교사들이 학교경영에 불만을 갖고 있으며,
교사 상호 간에도 반목과 갈등의 골이 깊어 교사 개개인의
자발성을 기대하기 어렵다.

　학교는 일반 회사처럼 성과에 따라 직책을 맡기고 임금을
차등 지급하는 인사관리를 하고 있지 않아 제도나 시스템으
로 교사의 자발성을 유도하는 데는 한계가 있다.

　교사들의 자발성이 요구되는 교육활동은 모든 선생님들
이 일제히 수업 시작 전에 입실하여 모든 학급이 정시에 수

업을 시작하는 일, 창의·인성교육을 위한 토론수업과 협력
수업을 실천하는 일, 모든 교사가 학생 상담에 동참하고 상
담일지를 작성하는 일, 학급의 문제를 학생 스스로 찾아 해
결하도록 학급회의를 정기적으로 개최하는 일, 무단결석이
나 자살 충동을 느끼는 관리대상(고위험군) 학생의 지속적인
관리와 돌봄, 학부모와의 협력적 지도 등 다양하다.

이와 같은 교육활동이 학교 교육과정에서 제대로 구현되
기 위해서는 교육청의 지침, 학교의 방침, 학교장의 업무지
시에만 의존해서는 안 되고 교사의 자발성과 열정을 이끌어
낼 수 있는 학교 조직문화를 만들어야 한다.

그러한 조직문화는 학교 차원에서 어떤 방법으로 만들어
야 할까? 무엇보다 교사의 직무 스트레스를 줄이는 일에 역
점을 두어야 한다. 직무 스트레스는 근무 의욕과 사기를 저
하시키고 교사의 정신적 건강을 손상시켜 교육 열정의 약화
를 초래한다. 직무 스트레스의 원인은 상사와 동료 간의 갈
등과 비협조, 의사소통 채널 부재, 학생들의 일탈행위와 부
적응, 학생의 문제행동에 대한 대처능력 부족, 과중한 업무
량, 열악한 근무환경 등 다양하다.

그러면 교사의 직무 스트레스를 줄이고 자발성을 유도하
는 방법은 무엇일까? 학교 교육 시스템의 혁신에 앞서 교육
공동체의 관계 혁신에 주안점을 두는 것이다. 관계 혁신은

공동체 구성원 개개인이 소속감과 연대의식을 갖게 하며 스스로 자발성을 발휘하도록 만든다.

관계 혁신은 존중의 대화와 공감적 소통의 활성화로 만들어진다. 관계 혁신은 모든 교사들이 학교의 비전과 가치를 공유하면서 부서의 벽을 허문 협업관계를 구축하는 것이며, 교사 개개인이 학생들과 따뜻한 대화와 상담으로 존중과 사랑의 사제관계를 만드는 일이다.

교육공동체의 관계 혁신은 존중과 인화의 조직문화를 형성하는 교육운동이다. 학교의 리더 그룹인 학교장, 교감, 각부 부장들은 지혜를 모아 중장기 전략을 수립하고 솔선수범의 자세로 학교 조직문화를 바꾸는 일에 일익을 담당해야 한다.

| 넛지 효과 |

넛지nudge는 '슬쩍 옆구리 찌르기'란 뜻으로 부드러운 개입을 통해 타인의 선택을 유도하는 것을 말한다. 행동경제학자인 리처드 탈러 시카고대 교수와 카스 선스타인 하버드대 로스쿨 교수의 공저인 《넛지》에 소개되어 유명해진 말이다. 이들에 의하면 강요에 의하지 않고 자연스럽게 자발적 선택을 이끄는 힘은 생각보다 큰 효과가 있다고 한다.

의사가 수술을 해서 살아날 확률이 90%라고 말했을 때와 수술하다 죽을 확률이 10%라고 말했을 때, 죽을 확률을 말한 경우에 대다수의 환자는 수술을 거부했다고 한다. 네덜란드 암스테르담의 스키폴 공항은 남자 소변기 중앙에 파리 그림을 그려 변기 밖으로 튀는 소변의 양을 80%나 줄였다고 한다. 우리나라의 중랑구청은 경춘선을 비롯해 경의중앙선과 지하철 7호선이 지나는 상봉역에 에스컬레이터만 이용하는 주민들의 습관을 바꾸기 위해 옆의 계단을 피아노 건반으로 디자인하고 음악도 나오게 하여 자발적으로 계단을 이용하는 걷기문화를 조성하였다.

넛지 효과는 조직 운영의 자율성과 구성원 개개인의 자발적 행동을 유도하는 심리적인 동기유발의 효과가 있다. 따라서 교육정책의 효과적 시행 방안 연구에 꼭 적용해 볼 필요가 있다. 그리고 선생님들도 넛지 효과를 적용하여 교실 수업에서 학생들의 흥미와 참여도를 높이는 방안을 연구해야 한다.

3
조직 갈등 조정의
자세와 방법

　성공적인 조직은 조직 구성원들이 인화와 협력을 바탕으로 협업시스템으로 업무를 추진한다. 특히 교사마다 교육철학과 관점이 다른 초중고등학교는 인간교육을 하는 조직이어서 협업시스템 운영은 절대적으로 필요하다.

　학교는 교사 개개인이 전문성과 독자성을 갖고 교육 활동을 하고 있는 수평적인 조직체이므로 크고 작은 갈등이 비교적 많은 곳이다. 교사들 간에 의견이나 이해가 상충하면 즉시 충분한 논의와 설득으로 갈등과 반목의 여지를 남기지 않도록 해야 한다. 교사들 간의 갈등은 교육과정 운영과 수업에 부정적 영향을 주고 결과적으로 교육의 질을 저하시켜

고스란히 학생들이 피해를 보게 된다.

미국 갈등조정가 훈련기업 CDR의 설립자인 크리스토퍼 무어Christopher Moore는 조직 갈등의 원인을 가치관의 차이, 사실관계 이해, 이해관계, 인간관계, 조직구조의 다섯 가지로 구분하였다. 교육적 관점에서 쉽게 얘기하면, 가치관의 차이는 교육관의 차이, 사실관계 이해는 팩트 확인의 정확성 정도, 이해관계는 직책이나 권한 부여 및 배려 정도, 인간관계는 친밀감, 신뢰감 및 소통, 조직구조는 시스템, 제도 및 관행이라고 할 수 있다.

조직의 갈등을 해결하지 않으면 조직원의 불쾌감정과 스트레스는 증가하며, 편 가르기, 참여의식 감퇴, 생산성 저하, 시간 소요, 조직 혁신의 어려움 등 부정적 측면이 강화된다. 학교가 발전하려면 리더 그룹인 교장, 교감, 부장들은 갈등조정자로서의 역량을 키워야 한다. 그런 점에서 갈등조정의 자세와 방법을 몇 가지 소개한다.

첫째, 문제제기를 누가, 어떻게 했느냐는 상관없이 모든 문제는 조직의 발전에 필요한 논의 과제라는 긍정적인 자세를 갖자. 그래야 조직 구성원들이 평소에 디테일한 관점으로 발전적이며 혁신적인 아이디어를 부담없이 제공한다.

둘째, 문제해결에서 쌍방이 원하는 모든 것을 얻을 수는 없다. 변화하기 위한 자세와 양보하는 마음을 갖자. 상호 이익을 보는 윈윈win-win 전략을 세우자. 논쟁에서 이기고 사람을 잃는다면 조직의 발전은 기대할 수 없다.

셋째, 갈등 중재자나 논쟁 당사자는 자신의 주장에 앞서 '언제든지 관점과 생각을 바꿀 수 있다'는 자세를 갖자. 나만의 생각 프레임으로는 절대로 갈등 해결이 불가능하다. 서로의 프레임을 인정하자.

넷째, 갈등조정에 있어 문제의 정의는 당사자들이 논점에서 벗어나지 않도록 구체적이어야 한다. 그리고 문제해결은 순차적으로 하나씩 처리한다.

다섯째, 맥락적 경청, 긍정적 표현, 아이 메시지 등 커뮤니케이션 스킬을 염두에 두며, 특히 상대방의 자존감이 상하지 않도록 말투나 감정표현에 주의한다.

여섯째, 합의점에 도달하면 결론이 이행되도록 구체적 실행 방안도 약속한다. 상대방의 관점과 생각을 다시 한 번 존중해 주고 갈등조정 과정에서의 노력에 감사를 표한다.

| 감정적인 논쟁을 피하는 방법 |

'미움은 결코 미움으로 없어지는 것이 아니라 사랑으로 없어진다'라는 말이 있다. 의견 차이로 생기는 갈등은 논쟁으로 해결되는 것이 아니고 상대방의 입장을 이해하고 공감하는 마음을 가져야 해결된다. 의견 차이가 심해도 감정적인 논쟁을 하지 않는 소통 방법을 소개한다.

1. 의견이 서로 다르다는 사실을 인정하고 다름을 기꺼이 환영하라. 인간관계는 갈등관계라는 사실을 염두에 두고 이견과 갈등 없는 조직은 발전할 수 없음은 상기하라. 한 번도 생각해 본 적이 없는 견해를 제시한 것에 감사하라.

2. 본능적으로 떠오르는 느낌과 생각에 의존하지 말고 신중하라. 침묵하면서 당신의 내면에서 처음 느끼는 감정에 조심하라. 그것은 자신을 변호하려는 반응으로 공감적 분위기를 깨뜨릴 수 있다. 대화의 시작부터 깊이 생각하라.

3. 먼저 귀를 기울여라. 내가 한 번 이야기할 때 상대방은 두 번 이야기하도록 하고, 상대방의 이야기에 세 번 고개를 끄덕이는 123 대화법을 생각해 보자. 상대가 충분히 말을 하도록 하라. 말을 가로 막거나 방해하지 말라. 끝까지 경청하라. 소통의 다리를 만들고 동의할 수 있는 부분을 찾아라.

4. 시종일관 감정을 조절하라. 대화의 시작부터 끝까지 부드러운 말투와 밝은 표정으로 이야기하라. 격한 목소리나 제스처는 오히려 분위기를 해친다.

5. 상대방의 견해를 숙고하고 신중히 검토하겠다고 약속하라. 성급하게 결정하지 말고 차분히 모든 생각을 정리하는 시간을 가져라. 성급한 결정은 언제나 이행하기 어려운 상황들이 전개된다.

6. 상대방이 관심을 가져준 것에 감사하라. 논쟁에 이겨도 사람을 잃으면 공허한 승리다. 논쟁 상대를 자신의 친구로 만들어라. 그것이 소통의 리더십이다.

4

교육혁신의 열쇠,
소통

교육연수원의 학교장 대상 리더십 연수나 자격 연수를 다니면서 그분들에게 '교육혁신과 학교 발전의 원동력은 무엇일까요?'라는 질문을 하면, 많은 분이 '교육 3주체 간의 소통이 활발한 학교문화'라는 답변을 한다.

교육은 교육자와 피교육자의 만남으로 이루어지는 인간교육이니 소통이 부실하면 원천적으로 제대로 된 교육은 불가능하다. 그런 관점에서 우리 교육자들은 학교의 교육공동체 간의 소통이 활발하지 않은 원인이 무엇인지 깊은 성찰을 해야 한다. 경험을 바탕으로 소통이 활발한 학교문화를 만들기 위한 필수 실천과제 두 가지를 제안한다.

첫째, 전체 직원회의에 모든 교직원이 참석하도록 하고, 회의는 토론 방식으로 진행한다. 대부분의 학교는 관행적으로 전체 직원회의에 교장, 교감 및 행정실장을 포함한 교사들만 참석한다. 학교의 기간제 교사, 영어회화 전문강사, 예체능 강사 등 비정규직과 사서, 상담사, 영양사, 조리사 등 교육공무직도 직접 학생을 지도하는 교직원이다. 이들도 학교 교육과정 운영에 당연히 동참해야 한다. 그리고 회의는 전달이나 협조를 위한 시간은 줄이고 논의할 문제를 안건으로 상정하여 문제의식을 갖고 해결방안을 찾는 토론시간을 늘려야 한다. 또한 효율적인 회의가 진행되도록 안건에 관해서는 해당부서 및 관련부서와 반드시 사전협의를 한다.

둘째, 학교 중장기발전위원회를 조직하여 운영한다. 대한민국의 거의 대부분의 학교는 관성적으로 몇 쪽짜리 중기계획을 포함한 1년짜리 학교 교육계획서를 만든다. 학교 발전을 위해서는 교육공동체가 참여하는 위원회를 정식으로 조직하고 구체적으로 실천할 중장기발전계획을 치밀하게 수립하여야 한다. 이 과정에 교육의 3주체인 학생, 학부모, 교직원이 머리를 맞대고 지혜를 모아야 한다.

학교에 소통의 조직문화를 정착시키는 일이 교직원 회의를 전달 방식에서 토론 방식으로 바꾼다고 해서 바로 이루어지는 것은 아니다. 학교의 크고 작은 업무 추진과정에서 주관부서를 중심으로 관련부서가 동참하는 협업시스템이 구축되어야 진정한 소통의 문화가 조성되었다고 볼 수 있다. '부서의 벽을 허문boundarylessness' 업무추진 방식이 학교운영체제로 정착되어야 한다.

학교의 교직원들이 자신이 근무하는 학교의 중점과제가 무엇이고, 학교 현안과 컨설팅 주제가 무엇인지, 학교 교육평가 결과는 어떠하며 어떻게 환류되었는지 전혀 모른다면, 그리고 25개의 자치구청과 교육지원청이 역점을 두고 추진하는 혁신교육지구사업, 교육복지사업, 인권친화적인 학교문화 조성 등 주요 정책에 별 관심이 없다면, 그런 학교는 분명히 소통이 부족한 학교임에 틀림없다.

교육청은 학교 자율경영과 학교자치에 힘을 실어 주기 위한 정책을 지속적으로 다양하게 추진해야 하며, 단위학교는 교직원들의 자발성과 열정이 살아나도록 소통이 활발한 학교운영을 고민해야 한다. 소통을 강조하는 것은 소통의 지향점이 공유와 협업이기 때문이다. 학교의 교직원 모두는 교육 비전과 중점과제에 대한 핵심가치를 공유하고, 부서의 벽을 뛰어넘는 협업으로 업무를 추진해야 한다. 교육혁신과 학교 발전의 원동력은 한마디로 공유와 협업을 위한 교육주체 간의 긴밀한 소통이다.

침묵은
금이 아니다

《장자》의 추수秋水 편에 실린 '口者禍福之門(입은 화복의 문)'이란 글귀는 말만 잘하면 천 냥 빚도 갚지만, 막말은 비수가 되어 타인을 해치거나 패가망신도 할 수 있다는 생각을 떠올리게 한다. 말이란 정말로 삶의 행보와 운명을 결정하는 막강한 힘을 갖고 있다.

인생은 관계라는 말이 있다. 누구나 가족관계, 친밀관계, 친근관계, 공적관계 등 다양한 관계를 형성하며 살아가기 때문일 것이다. 그러나 그 관계가 갈등과 반목, 경쟁과 무관심의 관계라면 우리는 결코 행복하지 않다. 우리 사회는 인화와 배려, 나눔과 상생의 관계를 지향해야 한다. 그러한 관계를 만드는 비결은 다름 아닌 말에 의한 공감적 소통이다.

국민행복시대를 국정과제로 설정한 대한민국의 최대 화두 역시 소통이다. 부모와 자녀, 선생님과 학생, 노사 간, 여야 간, 기성세대와 청소년, 부유층과 빈곤층 간의 갈등, 반목, 대립의 관계는 소통으로 풀어 나가야 한다. 그렇지 않으면 국민 행복지수 최하위 국가라는 불명예를 벗어나지 못할 것이다.

소통은 남의 말을 잘 들어주는 경청의 자세도 필요하지만, 내 생각을 상대에게 정확하게 말하는 것도 필요하다. 그동안 우리는 과묵을 미덕으로 생각하며 침묵하는 행동에 길들여져 왔다. 침묵하는 이유는 상대에게 부담이나 스트레스를 주지 않으려고, 무례하다는 인상을 주지 않으려고, 관계나 집단의 분위기가 어색해질까 봐, 이러쿵저러쿵 이야기해 보았자 아무 소용이 없어서, 가만히 있어도 기대하는 바를 얻을 수 있어서 등 다양하다. 그러나 이제 '침묵은 금'이라는 윤리적 가치도 중요하지만 침묵은 불통이며 관계 파괴라는 문제의식도 가져야 한다.

속내를 밝히지 못하고 침묵으로 일관하는 사람은 사회생활을 하면서 자신도 모르는 사이에 부당한 대우를 받거나 부정적 상황에 직면하게 된다. 미국의 상담 전문가 듀크 로빈슨은 《나는 좋은 사람이기를 포기했다》에서 침묵이 금이 아닌 이유를 다섯 가지로 제시하였다.

첫째, 자신의 피상적 모습만 드러난다. 자신의 인정받을 만한 겉모습만 보여주게 되며, 다른 사람들의 입에 오르내리는 판단으로만 평가를 받게 되어 진실이 왜곡될 수도 있다.

둘째, 푸대접을 받는다. 정당한 자기 몫에는 관심이 없다는 인상을 주게 되어 이용당하거나 아웃사이더로 분류될 수 있다.

셋째, 자신의 정력만 낭비된다. 말도 못 하고 불만이나 화를 이기기 위하여 정서적 에너지를 쏟아부어야 한다. 그로 인해 스트레스나 우울증 등의 정신질환이 찾아온다.

넷째, 자신의 권리를 포기하게 된다. 요구나 희망이 받아들여지지 않거나 무시되어 결국 자신의 권리를 찾지 못하게 된다.

다섯째, 자신이 원하는 삶을 기대할 수 없다. 자신의 욕구가 충족되지 않고 계획하는 진로가 좌절됨으로써 풍요로운 인생은 보장되지 않는다.

스피치 강사들은 '말하지 말고 대화하라'는 말을 공통적으로 한다. 공감적 소통을 하라는 뜻이다. 공감적 소통은 가정과 학교에서부터 시작되어야 한다. 상투적인 또는 의례적인 말만 교차하는 가정과 학교의 대화문화부터 바꾸도록 노력해야 한다. 미래사회는 '침묵이 금이 아닌 소통이 금'인 공감과 상생의 사회가 되어야 할 것이다.

6

다수결의 원칙은
옳은가

학교의 12월은 교육과정 편성, 교무업무 분장, 학사일정 작성 등을 위하여 다양한 회의를 여러 차례 하게 된다. 이러한 회의는 표결을 하지 않고도 순조롭게 합의가 이루지기도 하지만, 의견 차이가 크고 갈등 구조가 생길 때가 있다. 이때 가장 경계해야 할 것이 다수결 원칙과 양비론兩非論이다.

학교에서는 학교의 중요한 교육과제를 수립하고 방법을 결정하기 위하여 원탁토론이나 찬반토론으로 최상의 합의안을 도출해야 하는데, 한두 차례 회의를 한 후 그냥 다수결 투표로 결정해 버리는 어처구니없는 상황이 종종 발생한다. 그 이유는 무엇일까? A안도 B안도 마음에 안 든다는 양비론이 팽배할 경우에 회의 참여율은 낮고 진지한 회의가 어려워 결국 목소리 큰 참석자들의 요구에 못 이겨 다수결 원칙이라는 쉬운 방법을 택하기 때문이다.

양비론은 서로 충돌하는 두 의견을 모두 수용할 수 없다는 견해이다. 양비론은 어떤 주장이 대립되는 모든 분야에서 광범위하게 사용되는 용어이다. 어느 한편에도 동의하지 않는 제3자가 다른 견해를 갖고 있는 경우에 주로 나타난다. 학교는 양비론적 견해를 가지고 있는 분들이 많을수록 조직관리에 문제가 생길 수 있으므로 학교가 직면한 양비론 문제를 고민해야 한다.

양비론의 문제점은 무엇일까. 양비론 자체가 결코 중립적이거나 객관적일 수 없다는 점이다. 양비론은 찬반 대립구조 자체를 부정하기 때문에 토론을 가로막고 의사결정에 장애를 조성한다. 또한 시시비비를 가릴 수 없게 하여 결과적으로 상황논리에 따라 어느 한 쪽에 힘을 실어 주기도 한다.

그렇다면 양비론의 뿌리는 무엇인가? 양비론의 뿌리는 기회주의, 보신주의, 소극성이다. 양비론은 어느 쪽 편도 들지 않아 이후에 언제든지 특정 집단에 합류할 수 있는 좋은 수단이다. 자신의 입장을 가지고 옳고 그름을 따져 옳은 편에 서기보다는 중간에 서서 향후 추이를 지켜본 후 유리한 편에 서겠다는 전형적인 기회주의다. 그래서 양비론을 펼치는 것보다 차라리 조용히 있는 게 문제해결에 도움이 된다.

다수결 원칙의 장점은 구성원의 개별의사를 집단의사로 통합하여 합의사항에 대한 권위와 정당성을 부여하고, 다양한 의견과 첨예한 갈등을 토론을 거쳐 조정하는 기능이다. 그러나 다수결로 결정할 내용에 대하여 납득을 못 하거나 불만이 있거나 양보할 수 없는 소수자가 있을 경우, 다수결 자체를 반대하거나 결과에 승복하지 않는 갈등 상황이 발생한다.

학교는 회사와 달리 공공성을 중시하는 기관이다. 다수결 원칙으로 밀어붙이면 반대자 및 양비론자의 비협조로 인하여 교육성과는 저하되고, 그 피해는 고스란히 학생들에게로 돌아간다. 그래서 학교의 회의 안건은 다수결 원칙을 지양하고 시간이 소요되더라도 대화와 설득, 조정과 타협으로 결정해야 한다. 99%가 찬성하고 1%가 반대하더라도 1%의 동의를 얻기 위하여 설득하는 노력을 기울여 모든 교사의 자발적인 협조를 이끌어 내야 한다.

* 양비론에 대한 설명은 네이버 '동아시아의 문'에서 일부 발췌하였습니다.

│ 토론할 때 범하는 논리적 오류 │

　공동체적 삶을 살고 있는 우리들은 인간적 이해관계에서 종종 자신의 주장을 관철하기 위하여 논쟁을 하게 된다. 논쟁으로 상대방을 설득하려면 자신이 주장하는 논리의 근거와 근거에 입각한 결론을 갖고 있어야 한다. 토론의 힘은 신뢰도 높은 충분한 근거를 갖고 근거를 바탕으로 상대를 설득하는 능력이다. 그래서 토론 중 논리적 오류를 범한다면 토론은 산으로 가게 된다. 우리가 토론할 때 흔히 범하는 논리적 오류 몇 가지를 소개한다. 강원대학 최훈 교수의 저서 《불편하면 따져봐》를 참고했다.

- 논점 회피의 오류

　논증은 상대방이 동의할 수 없는 결론을 상대방이 동의할 수 있는 전제를 이용해서 설득하는 것이다. 상대방이 동의할 수 없는 전제를 가지고 상대방을 설득하려고 한다면 그것은 잘못된 논증이다. 대부분의 사람이 동의하지 않는데 혼자서만 또는 소수만 그 전제가 옳다고 주장하거나, 찬반 양쪽이 전제를 둘러싸고 날카롭게 논쟁 중이어서 참이 입증되지 않았는데 한쪽에 편중해 일방적으로 주장을 하는 경우이다. 한마디로 보편적인 근거 없이 단정적으로 말하거나, 검증되지 않은 논리를 내세우며 주장하는 것은 논점 회피의 오류이다.

- 일반화의 오류

　자신이 알고 있는 몇 가지 사례를 가지고 일반적인 것인 양 주장을 하는 것은 성급한 일반화의 오류이다. 예를 들어, '머리가 길고 교복 치마가 짧은 학생은 공부를 못하는 불량한 학생이다'라는 주장은 논점 회피의 오류이며 일반화의 오류이다. '학생들에게 표현과 집회의 자유를 허용하면, 학생들은 학교 일에 사사건건 반대할 것이다.', '학생에게 선거권을 주면, 학교는 정치판이 된다.'와 같이 인과관계도 상관관계로 없는 비논리적인 주장은 모두 성급한 일반화의 오류이다.

- 허수아비 공격의 오류

논쟁 상대자의 진짜 주장이 아니라 허수아비 주장을 비판했는데도 논쟁에서 이긴 것처럼 생각되는 것이 허수아비 공격의 오류이다. 그 방식은 두 가지로 이루어진다. 첫째, 상대방이 하지 않은 주장을 상대방이 했다고 뒤집어씌워 버리는 것이며, 둘째는 상대방의 주장을 부풀려서 비판하는 것이다.

7

학교자치의 마중물,
SPTA

서울특별시의 25개 자치구에서는 변화하는 시대에 적합한 새로운 학교 모델을 만들기 위해 혁신교육지구 사업을 추진하고 있다. 그리고 해당 지역의 초중고등학교는 마을결합형학교를 지향한 학교경영과 교육과정 운영을 위하여 다양한 노력을 하고 있다. 마을결합형학교는 교직원들이 주도하는 학교경영체제를 지양하고 학생, 학부모, 교직원, 지역사회, 교육 유관기관이 함께 만들어가는 교육공동체 학교이다.

현재 혁신교육지구의 교육지원청과 자치구청은 지속발전 가능한 미래형 학교인 마을결합형학교를 염두에 두고 학교지원 민관학 거버넌스체제 구축에 역점을 두고 있다. 교육공동체 학교로서의 마을결합형학교의 모습을 살펴보면서, 혁신교육지구의 학교는 교육공동체 학교의 모습으로 발전하고 있는지, 교육공동체 학교를 지원하는 교육지원청과 자치구청의 민관학 거버넌스 구축에는 어떤 문제가 있는지 고민하게 된다.

우리나라의 학교에는 심의자문기구인 학교운영위원회를 제외하고는 교직원회, 학부모회, 학생회 등 교육 주체별로 운영되는 협의체가 있고, 교육과정위원회, 인사자문위원회, 학교폭력대책자치위원회, 교권보호위원회 등 특정한 목적을 수행하는 위원회가 있다. 그러나 선진국의 학부모 교사 연합체인 PTAParents-Teacher Association와 같은 교육공동체가 학교경영에 함께하는 공식적인 협의체는 거의 없다.

학교의 중장기교육계획을 수립하고 교육활동을 평가하며, 현안문제를 해결하거나 중점과제를 수행하려는 과업은 교육 3주체가 함께 지혜를 모아야 한다. 그런 이유에서 마을결합형학교는 학교교육공동체가 함께 만들어가는 학교경영의 모습을 띠어야 한다.

또한 학교를 지원하는 다양한 기관이나 단체들이 따로국밥식으로 제각기 독립적인 활동을 하고 있어서 학교의 교직원들은 학교 밖 민관학 거버넌스는 구축되어 있지 않다고 느끼거나 구축되어 있어도 학교에는 별로 도움이 되지 않는다고 생각한다. 특히 혁신교육지구 운영의 양대 축인 교육지원청과 자치구청은 소통과 협업이 원만하지 않은 상태에서 학교를 제각기 지원하고 있어, 학교로부터 교육청이 2개라는 볼멘소리도 듣는다.

학교 밖 민관학 거버넌스체제 구축의 관건은 학교를 지원하는 기관, 단체, 시설 간의 긴밀한 소통과 협력이다. 무엇보다 많은 예산을 지원하는 교육지원청과 자치구청이 예산 편성을 위한 계획 단계에서부터 협업이 이루어져야 한다.

학교 밖 민관학 거버넌스 구축도 필요하지만, 무엇보다 학교 조직문화 혁신을 위한 학교 내 교육공동체 거버넌스 구축도 시급하다. 학교 구성원인 학생, 학부모, 교직원 상호 간의 소통과 협업이 이루어지지 않는 상황에서 학교 밖 거버넌스 구축에 집중하는 것은 우선순위가 잘못되었고 밑 빠진 독에 물 붓기라는 생각을 한다.

이러한 문제를 근본적으로 해결하기 위하여 2016년도에 서울특별시 성동광진 교육지원청에서 학교자율경영체제 정착과 학교 자치문화 활성화를 위하여 관내의 모든 초중고등학교에 SPTA Student-Parents-Teacher Association를 조직하도록 예산을 지원한 것은 타 교육청의 귀감이 되는 혁신행정이다.

단위학교의 SPTA는 학교경영과 교육과정 운영의 효율성, 합리성, 투명성 제고를 위하여 교육공동체인 학생, 학부모,

교직원, 동창회 등이 참여하는 학교의 공식적 의사소통기구이다. 따라서 SPTA는 심의나 결정을 하는 의사결정기구는 아니고, 문제의식을 공유하고 다양한 의견을 개진하며 공개토론을 하는 논의기구의 성격으로 운영된다. SPTA는 학교자율경영과 학교자치를 꽃피울 수 있는 마중물이며 혁신미래교육의 지름길이다. SPTA가 모든 혁신교육지구의 초중고로 확산되기를 희망한다.

8

스승 존경,
제자 사랑 풍토를 조성하자

스승의 날인 5월 15일을 전후하여 신문에 스승의 날을 폐지하자는 선생님들의 청와대 국민청원이 크게 보도되었다. 왜 폐지하자는 걸까? 보도에 의하면 선생님들이 스승의 날을 매우 불편한 날로 생각한다는 것이다. 국민권익위원회에서 제자가 선생님께 드리는 꽃 한 송이를 돈으로 환산하면서 뇌물이라고 발표하였다. 이런 어처구니없는 법 해석으로 인하여 학교에서는 사제지간의 정을 나눌 수 없게 되었고, 선생님들은 아예 이런 슬픈 현실을 외면하고 싶은 것이다.

스승의 날이 없어진다고 생각하니 학생과 교원 간의 관계가 더욱 소원해질까 우려된다. 부모와 자식, 스승과 제자의 관계가 사랑과 존경의 관계이어야 제대로 된 교육을 할 수 있으며 국민행복시대를 열어 갈 수 있다. 그런 점에서 관계 회복과 관계 혁신이 절실한 상황이다.

시공미디어가 초중고 교사 3,923명을 대상으로 '교사가 학생을 대하는 태도'에 관한 온라인 설문조사를 한 적이 있다. 그 결과에 따르면, '학생보다 무탈한 1년이 더 중요하다'는 54.2%, '학생이 잘못해도 혼내거나 벌을 주지 않는다'는 28.1%, '학생이 문제를 일으켜도 학부모와 이야기하지 않는다'가 6.8%였다(조선일보, 2018년 5월 15일자 기사). 얼마나 학생지도가 어려우면 이런 설문 결과가 나왔을까 안타깝다.

공교육의 모습을 객관적으로 들여다보자. 이혼율과 별거율이 높은 대한민국의 자녀들은 가정에서 부모의 교육을 제대로 받지 못하고 성장한다. 그리고 우리 사회는 여전히 학력·학벌주의가 만연해 있고, 교육기관은 진학지도에 치중한 교육으로 사실상 인성교육이 부실한 상황이다. 학생들은 학교와 사교육 시장을 넘나드는 휴식 없는 생활로 민주시민으로서의 품성과 역량을 함양할 여유가 없다.

이러한 원인들로 인하여 학업 스트레스와 우울, 무기력 등 부정적 정서를 갖고 있는 학생들이 너무 많다. 그러니 학교에서의 학교폭력은 줄어들 기미를 보이지 않고, 최근에는 교권침해 사안도 점점 늘어나고 있다. 교사들은 수업보다는 힘든 생활지도로 파김치가 되어 있고 자신의 건강마저 돌볼 여유가 없다. 그러니 시공미디어의 설문 결과는 놀라운 일은 아니다.

그렇다고 스승의 날을 폐지해야 옳은가? 정부는 수업과 생활교육을 제대로 할 수 있도록 선생님들에게 힘을 실어 주어야 한다. 그리고 힘들지만 교육 전문가이신 선생님들께서 앞장서야 한다. 가정과 지역사회도 힘을 모아서 협력해야 한다. 앞으로 지식교육보다 인성교육과 인권교육을 더욱 충실히 해야 한다. 사람다운 사람을 만드는 교육을 해 보자.

학생들이 스승을 존경하며 일 년에 한 번쯤은 어버이날처럼 스승의 은혜에 감사하는 이벤트를 만드는 것은 사랑과 존중의 사제관계를 만드는 효과가 크다고 생각한다. 스승에게 편지 쓰기, 정담 나누기, 사진 촬영, 함께 운동하기 등의 다양한 행사는 '스승 존경, 제자 사랑'의 풍토를 조성하는 길이다. 그런 점에서 본인은 스승의 날을 폐지하자는 국민청원 운동에 대해 깊은 성찰이 필요하다고 생각한다.

[참고] 스승의 날은 1958년부터 충남 논산시 강경여고 청소년적십자단원들이 병석에 계시거나 퇴직한 선생님을 찾아뵙던 게 호응을 얻어 1964년 전국으로 확산되며 생겨난 기념일이다. 애초 5월 26일이었던 날짜는 이듬해 '민족의 스승'이라는 세종대왕 탄신일인 지금의 날짜로 바뀌었다.(한국일보, 지평선)

│ 존경받는 교사의 여섯 가지 특징 │

1. 학교교육의 질을 결정하는 것은 제도와 시스템이 아니라 사람이며 협업이라고 믿는다. 관계지향적인 사고를 갖고 파트너십을 중요시한다.

2. 학교와 교실에 긍정적인 분위기를 조성한다. 학교 구성원을 존중하며 감사와 칭찬의 생활에 익숙하다. 머리로 교육하기보다는 마음으로 교육하는 부모 같은 존재이다.

3. 교육 계획을 디테일한 관점으로 치밀하게 세우고 결과에 대하여 평가와 환류를 철저히 한다. 교육에서의 계획, 실행, 평가, 환류의 선순환 프로세스를 중시한다.

4. 동료 교사들이 힘들어하고 기피하는 일을 조직의 발전을 위하여 기꺼이 솔선수범하면서 희생정신을 발휘한다. 언제나 매사에 모범을 보인다.

5. 교실 수업은 학생보다 자신의 변수가 크다고 생각하며, 지속적으로 자기연찬을 하며 자신의 수업 행동에 초점을 맞춘다. 교육자로서의 전문성을 높이기 위해 늘 교육연구에 전념한다.

6. 학생이 문제행동을 할 때 훈육에 앞서 그 행동의 원인이 무엇인지 파악하려고 하며 재발 방지를 목표로 학생과 래포를 형성한다. 적발, 징계보다는 소통과 상담의 중요함을 알고 실천한다.

7장

미래교육 편

지속발전 가능한 혁신미래교육

① 세계시민교육, 어떤 교육을 해야 할까?

2015년 이후 교육계는 미래교육과 세계시민교육을 주제로 공청회, 포럼 등 다양한 행사를 수시로 개최하고 있다. 2015년 5월 인천에서의 유네스코 세계교육포럼, 2016년 1월 스위스의 다보스 세계경제포럼, 2016년 3월 서울에서의 알파고와 이세돌 9단의 바둑대결이 교육계에 상당한 자극을 주었기 때문이다.

이와 같은 국제적 행사에 우리나라가 다른 나라보다 더 민감한 반응을 보이는 것은 세계교육포럼의 중심에 대한민국의 반기문 총장이, 인공지능과 인간 대결에 대한민국의 이세돌 씨가 있었기 때문인 듯하다.

현재 진행되고 있는 미래교육이나 세계시민교육 행사를 들여다보면, 대부분 공통적으로 현재의 교육을 진단하고 변화하는 미래사회의 트렌드를 전망하며 지속가능한 교육의 방향과 전략을 논의한다. 그런 점에서 미래교육과 세계시민교육은 궤를 같이 하고 있다.

2015년 세계교육포럼에서는 195개 유네스코 회원국의 교육 관계자들이 2000년에 시작해서 2015년까지 추진했던 '모두를 위한 교육Education for All, EFA'의 성과를 평가하고, 2016년부터 2030년까지(Post-2015)의 15년간 이행할 교육의 제에 관해서 논의하였다.

그 후 제70차 유엔총회에서 지구촌의 국가들이 협력해야 할 17개의 지속가능 개발 목표Sustainable Development Goals, SDGs를 결정하였다. 빈곤과 기아 종식, 건강한 삶의 보장과 웰빙 증진, 양질의 교육 보장과 평생교육 증진, 성평등 및 여성·여아의 역량 강화, 완전고용과 양질의 일자리 증진, 국가 내·국가 간 불평등 완화, 기후 변화에의 대처, 바다와 해양자원 보존 및 산림 보호, 평화적이고 포괄적인 사회 증진과 사법제도 구축 등 유엔총회에서 결정한 개발 목표 대부분이 세계시민교육으로 달성해야 할 과제들이다.

그동안 우리나라에서는 세계시민교육Global Citizenship Education이라는 용어보다는 국제이해교육Education for International

Understanding이라는 이름으로 타국 문화에 대한 이해, 인권 존중, 유엔 및 전문기구 이해, 환경교육을 하였고, 다문화교육이라는 이름으로 민족, 인종, 종교, 언어, 문화 등에 의한 차별이나 편견 없는 평등사회를 만들기 위하여 세계시민성 교육을 하여 왔다.

그리고 2009년 개정교육과정에서 필요한 인간상으로 '세계와 소통하는 시민으로서 배려와 나눔의 정신으로 공동체 발전에 참여하는 사람'이라고 세계시민의 자질을 명시하였다. 이를 토대로 초중고등학교에서는 일부 과목에서 다양한 방식으로 세계시민교육을 하고 있으며, 서울시교육청에서도 교원 연수, 동아리 지원, 학습자료 지원, 특별지원학교 운영 등의 행·재정적 지원을 하고 있다.

세계교육포럼을 계기로 미래교육의 또 다른 이름으로 부각한 세계시민교육은 국제이해교육, 인권교육, 다문화교육, 환경교육 및 지속가능한 모든 교육을 포함하는 상당히 포괄적인 개념이다. 그리고 국가마다 전 지구적인 삶을 바라보는 관점과 시각이 다르고 처한 상황이 상이하므로 세계시민교육을 한마디로 정의하거나 개념화하기는 어렵다. 유네스코에서도 '학습자가 인류 공동으로 직면하는 문제들에 관심을 갖고, 이를 해결하는 데 필요한 소통, 협력, 창의 및 실천 역량을 갖출 수 있도록 하는 역할이 글로벌 시민교육'이라고 정의하고 있다.

유네스코에서 제시한 지속가능 발전 목표들은 지구촌의 세계시민 모두가 관심을 갖고 실천해야 할 중요한 과제들이다. 그렇지만 국가마다 역점을 두어야 할 과제, 우선순위가 필요한 과제, 새롭게 추가해야 할 과제가 있으므로, 우리나라도 유네스코에서 제안한 17개의 개발 목표를 참고한 세계시민교육의 방향성과 중장기 과제 및 과제별 전략 등에 관한 심층연구가 절실히 필요하다.

미래교육으로서의 세계시민교육에 관한 정책 연구는 정부와 교육청의 교육 전문가 그룹에서 수행하겠으나, 교육자의 한 사람으로서 대한민국이 지향해야 할 세계시민교육의 방향을 여섯 가지로 제안한다.

첫째, 스스로 미래를 디자인하고 직업을 선택할 수 있는 창의성교육

둘째, 인권친화적인 평화로운 가정 및 학교문화 조성을 위한 인권교육

셋째, 문화의 다양성과 차이를 인정하며 더불어 살아가기 위한 다문화교육

넷째, 천재지변과 각종 재난 및 안전사고를 예방하고 대처하는 생명안전교육

다섯째, 남북통일과 민족의 동질성 회복을 위한 통일준비교육

여섯째, 소외계층 지원 및 교육 불평등 해소를 위한 정책과 제
도 도입

인공지능시대를 살아갈 우리의 꿈나무들에게는 창의성교
육이 필요하다. 2016년 1월 다보스 포럼에서는 2020년에
현존하는 일자리의 710만 개가 인공지능로봇에 의해 대체되
어 500만 개의 일자리는 사라지고 200만 개의 일자리가 생
성된다는 예측을 했다. 또한 유엔미래포럼에 의하면 2030년
에 현존하는 일자리의 80%가 없어진다고 한다.

앞으로 인공지능시대를 살아갈 우리의 자녀들은 1인 기
업, 온라인 직업, 로봇과 함께 하는 직업 등 다양한 직업 형
태를 접하게 되고, 국경을 초월한 지구촌에서 직업을 선택하
게 될 것이다. 졸업장이나 스펙이 중요한 것이 아니고 무엇
을 할 수 있느냐가 중요한 시대가 되었으니, IT 활용 능력이
나 SW 개발 능력과 같은 부가가치를 창출할 수 있는 창의
성교육을 해야 한다. 디지털 시대가 만드는 미래사회는 모든
사물이 소프트웨어로 연결된다. 그러한 원리와 방식을 알기
위해서는 애플리케이션이나 프로그램을 만드는 코딩교육을
빨리 시작하면 할수록 좋다.

인간의 기본권이 존중되고 보호받는 가정과 학교를 만들

기 위한 인권교육도 중요하다. 우리나라는 OECD에서 청소년 자살률은 10년 이상 최상위이며, 청소년 행복지수는 최하위인 국가이다. '병든 사회, 아픈 교육'이라는 말이 실감 난다. 아동폭력, 학교폭력, 성폭력은 상당히 줄어들었으나 여전히 가정과 학교에서 발생하고 있다.

자살의 90%는 타살이라는 말이 있다. 관심과 사랑이 있는 곳에서는 그런 불행한 일은 발생하지 않는다. 교사와 부모는 학생을 미성숙한 존재이며 훈육의 대상이라는 고정관념을 버리고, 학생도 존중받아야 할 인격체라는 인식을 가져야 한다. 그리고 학생들에게는 봉사활동, 생명존중 및 인권보호 활동 등을 통하여 인권감수성을 높일 수 있는 교육을 충실히 하여야 한다.

아동학대는 가정에서부터 시작되어 학교폭력으로 이어진다. 그래서 인권교육은 학교의 노력만으로는 불충분하다. 정부는 학부모들이 의무적으로 인권교육을 받을 수 있는 정책과 제도를 마련해야 한다.

문화의 다양성과 차이를 인정하며 더불어 살아가는 다문화교육을 강화해야 한다. 우리나라는 2007년에 외국인 100만 시대가 되었는데, 12년 만인 2019년에 외국인 250만 시대를 맞이했다. 외국인 근로자와 국제결혼자의 수가 급속히 늘어나고 있기 때문이다. 그리고 2013년 7월에는 난민법을 발표하고 아시아에서 유일하게 난민을 받아들이는 나라가 되었다. 서울을 비롯하여 전국적으로 외국인 마을이 우후죽순 생기고 있다. 서울에는 이미 다문화 학생들이 18,000명(서울시교육청 통계, 2019년 4월) 가까이 재학중이다.

초중등학교에서는 국가교육과정과 학생인권조례(제5조)에 근거하여 다문화교육을 해야 한다. 다문화 학생들이 한국 사회에 적응하면서 정상적인 학교생활을 할 수 있도록 다문화 학생은 물론 그들의 부모들과 일반학생을 대상으로 다문화교육도 필요하다. 특히 중도입국 학생들에 대한 적응과 돌봄교육에 역점을 두고 이들이 학교 부적응으로 고통받지 않도록 해야 한다.

네 번째로 필요한 교육은 천재지변과 각종 재난 및 안전사고를 예방하고 대처하는 생명안전교육이다. 2014년 4월 16일의 세월호 침몰은 우리나라 국민이라면 평생 잊을 수 없는 슬픈 대형사고이다. 학교 내의 교육활동에서 다양하게 발생하는 안전사고를 비롯하여 학교 밖에서 이루어지는 수련, 진로체험, 테마여행 등의 체험활동에서의 안전사고는 더 이상 발생하지 않아야 한다. 이를 위해 학교에서는 학생들에게 공동체적인 삶의 지혜인 법질서의식과 안전 감수성을 높이는 교육을 강화해야 하며, 정부는 생태친화적인 안전한 학교 환경 조성에 지혜를 모아야 한다.

일본은 태풍, 지진과 같은 천재지변이나 폭력, 테러와 같은 불의의 사고에 대처하는 훈련을 학교, 소방서, 경찰서, NGO 단체가 연합하여 평상시에 실제 상황처럼 재난 대비 대응 교육을 철저히 한다. 우리나라도 삶을 위한 교육으로서의 생명안전교육을 학교 교육과정으로 충실히 해야 한다.

다섯 번째는 남북통일과 민족의 동질성 회복을 위한 통일준비교육이다. 대한민국은 세계적으로 유일한 분단국가이다. 슬픈 현실이다. 통일을 위한 노력은 정부 차원에서 정책적으로 다양하게 힘을 기울이고 있으나, 학교인 공교육기관에서도 민족의 동질성 회복을 위한 통일준비교육을 충실히 해야 한다.

통일부 통계에 의하면 2015년 8월 말 북한이탈주민은 28,297명이다. 그중에 여성이 83%나 된다. 탈북민은 다른 다문화 가정과는 달리 우리 민족임에도 불구하고 특별한 심리적 특성을 갖고 있다. 그들은 죄책감과 불안감 그리고 외상 후 스트레스 장애로 고통을 받고 있다. 따라서 정부의 정책과 학교의 교육과정은 탈북민을 위한 심리정서적 지원에 주안점을 두고 공동체 생활에 적극적으로 동참할 수 있는 다양한 프로그램을 운영하여야 한다. 현존하는 탈북가정의 안정적인 사회 정착과 자녀들의 학교생활 만족도를 높이는 교육정책이 다름 아닌 통일준비교육의 시작이다.

소외계층 지원 및 교육 불평등 해소를 위한 정책과 제도 도입이 시급하다. 소외계층이라면 가정경제적으로 어려운 기초생활수급자, 한부모가정 및 조손가정의 자녀, 특수교육 학생, 학교 밖 청소년, 은둔형 외톨이, 다문화 학생, 성소수자 등 그 대상은 다양하다. 이들에 대한 금전적 지원, 심리정서적 지원 등 세심한 맞춤식 지원이 필요하다.

제4차 산업혁명시대라 일컫는 인공지능시대에서는 지식정보 격차 또한 심화될 것이 분명하다. 소외계층에 대한 교육을 소홀히 하면 계층의 벽은 더욱 두터워지고 삶의 질의 양극화는 가속화되어 국가의 미래는 암울해질 것이다.

중장기적으로 우리 사회에 만연한 학벌·학력주의 교육관과 '부익부빈익빈富益富貧益貧'형의 교육 불평등 구조를 청산해야 한다. 가정 형편이 어려워 배움의 길을 포기하는 학생이 있어서는 안 된다. 'Number One' 교육을 지양하고 모두가 행복한 'Only One' 교육을 해야 한다.

그러기 위해서 서열화된 고교와 대학이 아니라 특성화된 고교와 대학을 만들고, 중고등학교에서는 학생들에게 저마다 스스로 자신의 진로를 디자인할 수 있도록 다양한 교육과정을 제공하고 누구에게나 직업교육을 받을 수 있는 기회를 부여해야 한다. 그리고 대략 38만 명에 이르는 학교 밖 청소년들은 정부에서 직접 관리하는 돌봄교육시스템으로 자생의 길을 열어 주어야 한다.

　이상 제안한 여섯 가지 세계시민교육의 방향은 학생들에게 지구촌의 세계시민으로서 갖추어야 할 자질과 역량을 함양시킬 목적으로 제시한 교육과제들이다. 그렇다면 세계시민으로서 필요한 자질과 역량은 무엇일까. 정의·평등·존엄 같은 보편적 가치의 손중, 인종·문화·종교를 초월한 인류 공동체 의식, 공감과 갈등해결의 의사소통기술, 공동선을 추구하는 파트너십, 창의적이며 비판적인 인지기술 등이다.

　이러한 세계시민교육이 학교 현장에 성공적으로 구현되기 위해서는 지금의 한 줄 세우기 대학수학능력시험, 교사 주도형 교실수업과 상대평가, 국어, 영어, 수학 등 분절된 교과목 수업, 과도한 사교육 의존 등의 교육체제와 교육방식은 획기적으로 바뀌어야 한다.

　대학수학능력시험 제도는 과감히 폐지하고, 독일의 아비투어Abitur나 프랑스의 바칼로레아Baccalaureate처럼 자격시험을 도입해야 한다. 그리고 교육과정을 다양하게 운영하는 특성화된 학교를 확대하고, 학생들에게는 자신의 진로에 적합한 융복합 교과목을 가르쳐야 한다. 또한 단위학교의 운영체제는 교원 중심에서 학교교육공동체가 함께 운영하고 지역공동체가 학교를 지원하는 마을결합형학교 형태의 교육 거버넌스 체제로 전환되어야 한다.

미래교육으로서의 세계시민교육은 학생을 직접 지도하는 선생님들의 관심과 자발성 없이는 학교 현장에서 구현되기 어렵다. 정부와 시도교육청은 그분들의 열정과 헌신을 유도하는 정책과 제도 도입이 최우선 정책 과제임을 명심하고 다각적으로 진지한 고민을 해야 한다.

2

경쟁교육에서
행복교육으로

러시아의 문호인 톨스토이는 하루가 행복하려면 스스로 세 가지 질문을 하며 살아야 한다고 했다. 그 질문은 '가장 중요한 때는 언제인가?', '가장 중요한 사람은 누구인가?', '가장 중요한 일은 무엇인가?'이다. 그는 '가장 중요한 때는 바로 지금이고, 가장 중요한 사람은 지금 만나고 있는 사람이며, 가장 중요한 일은 지금 하고 있는 일'이라고 했다. 그의 행복은 살아 숨쉬고 있는 지금 이 순간의 상황을 만끽하며 최선을 다하는 것이다. 영화 〈죽은 시인의 사회〉에서 명언으로 등장한 '카르페 디엠(Carpe diem, 지금 이 순간을 즐기자)'은 톨스토이의 생활철학을 한마디로 대변할 수 있는 표현이다.

시인 이해인 수녀는 행복을 만드는 비결을 네 가지 들었다. '감사기도를 많이 하라, 감탄하는 연습을 하라, 자신의 약점과 실수를 부끄러워하지 말고 솔직히 인정하는 마음을 가져라, 속상하고 화나는 일이 있을 때는 모든 것은 다 지나간다는 진리를 기억하라'이다. 그녀는 이런 마음을 매일 실천하면 행복한 삶을 영위할 수 있다고 하였다.

우리 국민들의 일상생활을 보면, 돈을 많이 벌려고, 승진하려고, 인기를 얻기 위해서 예측 불가능한 미래에 희망을 걸고 하루하루를 고달프게 살고 있는 것 같다. 오늘보다 내일에 비중을 두는 생활이 지속된다면 삶의 질과 행복지수는 떨어지고 세월이 지난 후에 지나온 삶을 후회하게 된다. 세계적인 대부호였던 스티브 잡스도 운명을 하면서 앞만 보고 살았던 자신의 삶을 깊이 후회했다지 않는가.

우리나라의 청소년 행복지수는 OECD 국가에서 계속 최하위이다. 어른뿐만 아니라 아동청소년들도 행복하지 않은 삶을 살고 있다. 이제 공교육기관인 초중고등학교는 진학을 위한 경쟁교육을 지양하고 자아실현을 위한 행복교육을 해야 한다. 그리고 선생님들은 학생 스스로 행복한 학교생활을 할 수 있는 능력과 자질을 배양하도록 교육방식을 바꾸는 데 지혜를 모아야 한다.

창원대 철학과의 이수원 교수는 제자들에게 행복을 만드

는 방법은 '알빛집'을 실천하는 것이라고 가르친다. '알빛집'은 '알아차려라, 빛의 에너지를 선택해라, 집중해라'의 첫 글자를 딴 것이다.

1. 알아차려라

말, 행동, 생각, 느낌을 관조해야 한다는 뜻이다. 심호흡을 3번 정도하면 말과 행동이 일시 정지되면서 그 순간의 생각과 느낌을 알아차릴 수 있다고 한다. 이를 통해 지금 이 순간이 소중한 시간임을 깨닫게 된다.

2. 빛의 에너지를 선택해라

무기력, 스트레스, 걱정, 비난, 질투, 분노 등 부정적 생각을 버리고 자신감, 열정, 배려, 감사 등의 긍정적인 생각을 하라는 뜻이다.

3. 집중해라

몰입하고 즐기란 뜻이다. 밥을 먹든, 대화를 하든, 공부를 하든, 일을 하든, 집중을 하면 하루가 가치 있고 행복해진다.

이수원 교수의 구체적인 실천 중심 행복교육은 학생들에게 지혜로운 삶을 가르치는 인생수업이다. 이러한 인간교육 방식이 초중고등학교에 전파되어 삶을 위한 교육방식으로 뿌리내리기를 바란다.

| 독일 교육의 시사점 |

2014년 6월 21일 경기도교육연구원의 대강당에서 '새 시대의 교육을 그리다(부제 : 왜 독일 교육인가?)'를 주제로 개최되었던 학술 심포지엄에서 독일 교육에 관한 발제 중에서 기억에 남는 키워드를 몇 개 소개한다.

1. 꿈을 깨는 교육

출세지향적인 고진감래형 교육을 지양한 현실 교육. 삶을 위한 교육. 자신만의 캐릭터를 디자인하는 교육.

2. 장점보다는 단점을 보완하는 교육

장점을 키우는 교육보다 개개인의 단점을 개선하는 교육. 자기관리능력과 자기주장력을 키우는 교육.

3. 빨리 가르쳐 주지 않는 교육

암기식 지식교육 지양. 스스로 알 때까지 기다리는 교육. 자기주도 학습력을 키우는 교육.

4. 토론보다는 브레인스토밍brain storming을 중시하는 교육

합의를 전제로 하는 토론보다 다양한 아이디어 제시를 더 존중하는 교육. 실수나 실패를 가치 있게 생각하는 교육.

5. 1%의 천재성보다는 99%의 상상력을 중시하는 교육

Number one의 엘리트 교육보다 everyone을 중시하는 개별 교육.

6. 법질서의식, 공동체의식을 가장 중시하는 교육

개인보다 공동체적 가치와 정의를 중시하며 공동선을 추구하는 정치교육.

3

인성교육의 핵심은
소통문화 조성

학교폭력이 저연령화, 흉포화, 사이버화되면서 학생 자살이 늘어나는 사회적 현안을 해결하고자 정부에서는 급기야 인성교육진흥법을 제정하고 2015년 7월 21일부터 시행하고 있다. 주요 내용은 인성교육 종합계획 수립, 인성교육진흥위원회 운영, 인성교육 프로그램 인증, 전문인력 양성, 인성교육 평가, 언론의 인성교육 지원 등이다.

이 법과 제도에 대하여 학교는 곱지 않은 시각을 갖고 있다. 마치 학교와 교원들이 인성교육을 하지 않고 있는 것처럼 비치고, 학교에 추가적으로 새로운 과제가 부가될 거라는 우려 때문이다. 그동안 학교는 진학 위주의 경쟁교육으로 인성교육에 전념하지 못한 측면은 있겠으나, 예나 지금이나 학생들의 바른 인성 함양을 위하여 끊임없이 노력하고 있다.

인성교육진흥법의 시행과 더불어 인성교육이 가시적인 성과를 거두기 위해서는 정부와 교육청은 두 가지 관점을 염두에 두어야 한다.

첫째, 인성교육은 국가적 과제이므로 공교육기관인 학교만의 책임이 아니라는 점이다. 학교는 물론 가정, 사회, 정부가 책무성과 파트너십으로 함께 지혜를 모아야 한다. 가정의 자녀 교육력은 점점 붕괴되고 있다. 우리나라의 이혼율은 OECD 국가 중에서 최고이며 부부 별거와 불화도 심각하다고 한다. 그리고 부모와 자녀는 대화할 시간이 거의 없다. 이러한 가족문화를 간과한다면 인성교육은 절대로 성공할 수 없을 것이다.

언론과 미디어의 교육적 기능도 찾아볼 수 없다. 대한민국의 10세~19세 학생들의 30.6%가 스마트폰 중독이라고 한다(통계청, 2017년). 그들의 유일한 소통 대상은 스마트폰이며, 그들은 초등학교 저학년에서부터 폭력적인 게임과 SNS의 음란물을 즐기고 있다.

정부 역시 따로국밥식 보여주기 행정을 하고 있다. 현재 학교 밖 청소년이 전국적으로 38만 명이나 되고, 학교를 떠나는 학생들이 매년 6만 명이 넘는다고 한다. 학교교육을 받아야 할 학생들이 거리를 배회하거나 아르바이트를 하고 있다. 이는 정부의 직무유기라는 생각이 든다. 정부 부처가 협력적으로 인성교육에 모든 역량을 집중하여야 한다.

둘째, 인성교육은 인간교육으로 모든 연령층을 대상으로 해야 한다. 인성교육은 공동체적 삶을 살고 있는 사람이 지녀야 할 품성과 자질을 육성하는 것이므로 유아, 초중고등학생, 대학생, 군인, 사회인, 부모세대 등 모든 연령층을 대상으로 평생교육 차원에서 실시하여야 한다.

2014년 한 해에 아동학대가 1만 건이 넘게 발생하였는데, 보건복지부 통계에 의하면 학대자의 81.8%가 부모라고 한다. 또한 교사의 학생 대상 폭행과 성추행도 끊임없이 언론에 보도되고 있다. 이러한 사실은 부모와 교사 대상 인권교육도 강화할 필요가 있음을 시사한다.

인성교육진흥법에서 제시한 인성의 핵심가치이자 덕목은 예, 효, 정직, 책임, 존중, 배려, 소통, 협동이다. 이 중에서 소통이 눈에 띤다. 여기서 소통은 원만한 인간관계 형성에 필요한 공감적 소통을 의미한다. 바른 인성으로서 갖추어야 할 많은 덕목은 인간관계의 의사소통에 의해서 함양되고 체화되는 것이므로, 소통이야말로 관계 형성과 덕목 함양의 핵심가치임은 분명하다.

인성교육 정책을 주관하는 정부와 교육청은 부모와 자녀

간에, 교사와 제자 간에, 그리고 어른과 아이들 간에 존중과 배려의 공감적 소통이 이루어질 수 있는 분위기와 환경 조성에 역점을 두어야 한다. 위원회 설치, 프로그램 인증제, 인력 양성, 평가 등의 하드웨어적인 측면보다는 휴먼웨어적인 소통문화 조성이 인성교육의 기본 방향이자 열쇠임을 명심해야 한다.

| 미국의 돌봄 정책 |

미국의 백악관은 2015년 10월에 오바마 정부가 발표한 'Every Student, Every Day'의 연장선에서 교육부와 함께 학생 결석 줄이기 정책을 두 가지 방향으로 추진하고 있다.

하나는 결석 빈도가 높은 학생을 멘토와 연결해 주는 'MBK My Brother's Keeper 멘토링'의 시행이며, 다른 하나는 학부모를 대상으로 결석의 폐해를 알리는 공익광고 캠페인이다. 무단결석은 불법이라는 점을 강조하며 학부모를 법정에 세우고 벌금을 부과하는 결과에 치중한 기존의 처벌은 실효성이 떨어진다는 판단에 따라 지속가능한 근본적인 예방책을 강구하게 된 것이다.

미국은 수업일수의 10% 이상(약 18일) 결석하는 문제학생들이 대략 700만 명에 이른다고 한다. 이들은 가정경제적으로 어려움을 겪는 저소득층이나 유색인종 가정의 자녀들로 '관계의 빈곤'으로 어려움을 겪는 돌봄이 절실한 학생들이라고 한다.

MBK 멘토들은 교사를 비롯하여 운동코치, 행정직원, 안전보안관, 방과 후 수업강사, 자원봉사자, 대학생 봉사자들로 구성되며, 그들은 주 3회 정도 학생을 만나 '소통과 공감의 관계'를 형성하면서 출결 확인은 물론 개별문제 상담, 진로탐색 등의 교육 봉사를 한다.

우리나라도 한국지역사회교육협의회에서 '홈빌더 Home-Bilder 운동'을 만 6년째 하고 있다. 이 운동은 자원봉사자로 구성된 100명의 홈빌더가 1년 동안 장기무단결석한 학생이나 다문화가정 자녀의 집을 정기적으로 방문하여 학업을 정상적으로 할 수 있도록 도와주어 무너진 가정교육을 바로 세우는 봉사활동이다.

대략 38만 명이나 되는 학교 밖 청소년들과 학교의 잠재적 학교 밖 청소년인 고위험군 학생들의 돌봄은 가정과 학교에만 맡길 수 없는 대한민국의 미래가 달린 중차대한 당면 과제이다. 정부는 가정교육과 학교교육의 지원을 국가의 핵심 정책으로 설정하고 미국과 같이 '사람과 사람과의 관계 회복'을 중시하는 인권친화적인 정책을 추진해야 한다. 특히 가정의 교육적 기능을 부활하는 정책이 절실하다.

봉사정신은
리더의 핵심역량

나는 1999년 6월 서울시교육청의 장학사 시험에 합격하여, 그 해 여름 교육 전문직 연수에 참가하였다. 당시 연수과정 중 꽃동네 1일 봉사활동이 있었다. 나는 중증 정신지체자 방에 봉사자로 배당되었으며, 역할은 몸을 움직이지 못하고 대소변도 가리지 못하는 40대 중반의 환자를 돌보는 일이었다.

1시간 정도 열심히 목욕을 시키고 옷을 입힌 후 환자의 옆에서 땀을 닦다가 환자의 머리맡에서 한 권의 책을 발견하였다. 루카치의 《미학 연구》였다. 담당간호사의 말에 의하면 그가 정상인일 때 즐겨 보았던 책이라고 한다. 그 책은 며칠

전에 내가 구입하여 읽고 있던 책이었다.

나는 그 환자의 과거와 현재의 모습을 상상하면서 '인간의 삶이 이렇게까지 비참해질 수 있구나'라는 슬픔과 허망함에, 넋 빠진 사람처럼 벽에 기대고 앉아 오랫동안 그와 비슷한 주변의 환자들을 바라보았다. 그날 하루 동안 생명, 장애, 죽음에 관하여 많은 생각을 하였고, 장애인을 비롯한 사회적 약자에 대한 관심과 배려의 절실함을 몸소 깨달았다.

2016년 7월 9일 양진중학교에서 관내 중고등학교 학생 300여 명이 참석한 프론티어 봉사단 발대식이 있었다. 나는 이날 축사에서 봉사점수나 표창을 받기 위한 스펙 쌓기 봉사의 문제점을 언급하면서, 학생들에게 봉사활동의 가치와 봉사정신의 중요성을 강조하였다.

봉사정신이란 섬김과 나눔의 정신이다. 섬김은 나를 낮추고 남을 높이는 것이다. 섬김의 생활은 나보다 남을 먼저 생각하고, 남을 시키는 것이 아니라 내가 솔선수범하는 것이다. 섬기는 사람은 성취감과 자존감이 높고 인정을 베푸는 삶을 살게 되어, 섬김을 받는 사람으로부터 존경과 찬사를 받게 된다. 섬김의 리더십을 발휘하는 사람은 언젠가는 섬김을 받는 최고의 리더 자리에 앉게 된다.

나눔은 나와 남의 관계를 소중히 생각하고, 남을 존중하며 마음과 물질을 베푸는 것이다. 나눔의 생활은 나의 욕심과 집착을 버리고 삶이 어렵고 소외된 이웃을 위하여 희생하고 봉사하며 사는 것이다. 건강기부, 재능기부, 금전기부가 그런 생활이다. 나눔을 실천하는 사람은 생명존중과 이웃사랑을 실천하는 것으로, 남에게 행복감을 주기 때문에 자신도 행복해진다. 나눔의 리더십을 발휘하는 사람만이 행복전도사로서 국민행복시대를 열어가는 지도사가 될 수 있다.

우리나라는 학생들의 인성교육을 의무화하기 위하여 인성교육진흥법을 2015년 1월 20일에 공포하고, 인성교육의 핵심가치로 예, 효, 정직, 책임, 존중, 배려, 소통, 협동의 8대 덕목을 제시하였다. 이러한 덕목을 체질화하기 위해서는 덕목별 교육 프로그램도 필요하나, 몸으로 배우는 봉사활동이 최고의 프로그램이다. 봉사활동은 섬김과 나눔의 정신을 바탕으로 실천하는 활동이므로 8가지 덕목을 자연스럽게 모두 배양할 수 있다.

봉사활동은 인간 삶의 지고한 가치를 실천하는 것이다. 따라서 정부와 교육청은 봉사활동을 과거의 새마을 운동처럼 학생뿐만 아니라 교직원, 학부모, 지역사회 주민들도 동참하는 범국민적 운동으로 확산하여야 한다.

| 우분트 정신 |

우분트Ubuntu는 동아프리카 반투족의 말로 '네가 있기에, 내가 있다I am because you are'는 뜻이다. 개인, 집단, 계층, 세대 간의 갈등이 심화되고, 협동보다는 경쟁, 조직의 공익보다는 개인의 이익을 추구하며, 남의 불행이 곧 자신의 행복인 양 행복을 비교우위의 개념으로 착각하며 살아가는 사람들에게 우분트는 신선한 충격을 준다.

핀란드는 평등교육을 실현하기 위하여 학생들이 학력 차이가 심할지라도 동일한 학습집단에서 통합교육을 한다. 통합교육은 학업성적이 좋은 학생과 뒤지는 학생 간의 인격적 소통을 중시하는 인성교육이 지식교육보다 훨씬 중요하다는 교육철학이 반영된 것이다. 이는 동아프리카의 우분트 정신과 같은 맥락이라고 볼 수 있다.

독일의 괴팅겐 종합학교Gesamtschule는 직업, 기술, 인문을 통합한 6년제 학교로 독일에서 최고의 혁신학교로 칭송받고 있다. 그 이유는 학급마다 6인조 테이블그룹tablegroup을 만들어 1년 내내 운영하는 학생 중심 교육을 성공적으로 수행하기 때문이다. 이 테이블그룹의 학생들은 학력 수준과 진로는 서로 다르나 협동수업을 하면서 서로에게 도움을 주어 한 명의 낙오자 없이 행복한 학교생활을 한다. 교사와 학부모는 학생 그룹의 서포터스 역할을 한다. 6인의 학생 그룹에는 2명의 교사와 12명의 부모가 지속적인 관심과 사랑을 베푼다.

우리나라의 초중고등학교도 학생들이 '우리는 하나다'라는 우분트 정신을 함양할 수 있도록, 하루속히 교사 중심 수업을 학생 중심의 협력수업으로 전환하고, 학생 자치활동의 근간이라 할 수 있는 학급회의가 교육적 차원에서 내실 있게 운영되도록 해야 한다.

5

아이들이 행복한
교육을 위하여

2014년 4월 16일은 세월호 침몰로 못다 핀 순백의 어린 꽃들이 이승을 떠난 날이다. 온 국민이 놀라움과 참담한 심정으로 눈물조차 흘리지 못한 채 가슴 아파했다. 한 명의 학생도 구하지 못하고 지켜보기만 했던 이 황당한 사고는 우리 어른들 모두의 잘못이었다.

세월호 사고 이후, 교육계에는 자성의 목소리가 울려 퍼졌고, 시도교육청은 앞다투어 학교교육의 근본적인 문제점을 찾아 성찰하고 반성하며, 새로운 교육 방향을 제시하는 다양한 정책 연구를 하였다. 정책 연구의 공통점은 교육의 본질과 학교의 정체성을 찾자는 내용이었다.

대한민국은 1988년 서울올림픽 개최, 2002년 월드컵 4강, 2018년 평창 동계올림픽 개최, 2010년 공적개발원조국(ODA지원국)으로 세계무대 등단, 2010년 G20 세계금융정상회담 개최, 2013년 아시아 최초의 난민 인정 국가, PISA 국제학업성취도평가 상위 3위권인 나라이다. 겉보기에는 국격이 높아졌고 선진국의 반열에 올랐다. 그렇지만 속을 들여다보면 선진국이라 하기에는 부끄러운 어두운 그림자가 드리워 있다.

교육 부문만 보아도 해결하지 않으면 안 될 당면 과제들이 산적해 있다. 선진 교육국인 OECD 국가에서 학생들의 주관적 행복지수는 10년째 최하위(연세대 사회발전연구소, 2017), 자살률은 7년(2011-2017)동안 1위(자살예방백서, 2020), 학벌·학력주의 만연으로 가정은 엄청난 사교육비 지출, 명문학교 입학을 위한 휴식 없는 학습, 안전 불감증과 인권감수성이 낮아 수시로 발생하는 안전사고, 심각한 학교폭력, 성폭력 등 부끄러운 교육 현안들이 상존하는 한 우리나라의 미래는 어둡다.

아이들이 아파하는 교육을 청산하고, 아이들 모두가 행복한 교육을 하기 위해서는 현재의 교육 패러다임을 하루속히 지속가능한 미래교육 패러다임으로 혁신하여야 한다. Number One 교육은 Only One 교육으로, 고진감래형 교육은 행복교육으로, 권위주의적 학교경영은 민주적 학교자율경영으로 전환되어야 한다.

Only One 교육은 한 명의 엘리트를 양성하기보다는 한 명의 낙오자도 없는 보편교육을 하는 것이며, 행복교육은 한 줄 세우기 교육을 지양하고 삶을 위한 교육Learning for Life을 하는 것이고, 민주적 학교자율경영은 학교 자치와 자율을 기반으로 학교공동체와 지역공동체가 함께 만들어 가는 학교경영을 하는 것이다.

우리 교육자들은 세월호 사고를 영원히 잊지 말아야 하며, 아이들이 행복한 혁신미래교육을 구현하는 데 열과 성의를 다해야 한다. 그것이 진정으로 희생자들의 명복을 비는 길이다.

6

인공지능사회에
더 중요해지는 인간교육

2016년 3월 9일부터 15일까지 구글이 만든 알파고와 이세돌 9단이 바둑 경기를 하여 알파고가 4:1로 승리하였다. 인간이 만든 빅데이터가 인간을 이겼다. 알파고 충격으로 우리 국민은 다가오는 인공지능사회에 관심을 기울이기 시작했다. 그 관심은 미래에 대한 불안감의 발로일 것이다.

인공지능사회는 로봇이 인간의 일을 대신하는 사회이다. 2016년 1월 스위스의 다보스에서 열린 세계경제포럼에서는 〈직업의 미래〉라는 보고서가 발표되었고, '제4차 산업혁명'이 핵심 주제로 논의되었다. 2020년에는 인공지능로봇, 사물인터넷, 3D 프린터, 무인자동차, 생명공학, 나노·바이오 기술로 약 710만 개의 일자리가 로봇에 의해 대체되고 500만 개의 일자리가 사라지며, 200만 개 정도의 새로운 일자리가 창출될 것이라 한다.

우리는 매일 아침에 눈을 뜨면 새로운 현상과 뉴스를 접하며 변화와 창조의 시대임을 실감한다. 이스라엘의 히브리대 역사학과 유발 하라리 교수는 "현재 학교교육의 80~90%는 성인이 되었을 때 쓸모없을 것"이라고 한다. 그렇다. 지식은 유효기간이 있는 가변적 지식이다. 미래학자들은 이러한 시대를 살아가는 학생들에게 창의성Creativity, 비판적 사고Critical Thinking, 의사소통능력Communication, 협업Collavoration이라는 핵심역량(4C)이 필요하다고 한다.

정부와 교육청은 상급학교 진학을 위한 경쟁교육과 지식을 전수하는 주입식교육에서 벗어나 인공지능사회가 요구하는 창의성교육, 코딩교육, 감성교육, 생태교육을 할 수 있는 교육체제를 마련하고 교육방식의 변화에 모든 역량을 집중해야 한다. 우리 교육자들도 제4차 산업혁명과 인공지능시대의 트렌드에 안테나를 세우고 핵심역량을 키우는 교육 방법을 꾸준히 연구하여야 한다.

그 과정에서 반드시 고려해야 할 것은 '인간다운 인간 육성'이다. 교육이란 진로교육에 앞서 인간교육이 우선이므로 개인적 역량인 창의성과 비판적 사고만을 위한 편향된 교육을 해서는 안 된다. 소통과 협업의 사회성이 결여된 창의성과 비판적 사고는 개인은 물론 국가 발전에 도움이 안 된다.

서울시교육청의 혁신미래교육은 모두가 행복한 교육이다. 행복은 소통과 협업의 인간관계에서 느낄 수 있는 감정이다. 로봇이 인간의 역할을 대신한다는 것은 인간에서 편리함을 주는 것이지 결코 행복을 주는 것은 아니다.

우리나라는 뿌리 깊은 학력·학벌주의, 권위주의적인 교육행정, 세대·지역·계층 간의 불통과 갈등, 지나친 경쟁교육 등이 교육의 변화와 혁신에 걸림돌로 작용하여 미래지향적인 교육제도와 체제를 구축하는 데 어려움을 겪고 있다.

인공지능사회를 대표하는 알파고에 관한 국민적 관심과 제4차 산업혁명으로 빠르게 생성하는 직업세계에 대한 불안감이 우리나라의 고질적인 교육문제를 공론화하고 근본적인 해결방안을 찾는 동력으로 작용하여, 혁신미래교육 추진에 힘이 실리는 계기가 되기를 바란다.

│ 미래 인재의 여섯 가지 조건 │

미래학자이자 세계적인 작가 다니엘 핑크Daniel Pink의 《새로운 미래가 온다 A whole new mind》에서 제시된 미래사회의 인재가 갖추어야 할 여섯 가지 조건 (역량)을 소개한다.

1. 디자인

기능만으로는 안 된다. 시각적으로 아름답거나 좋은 감정을 선사할 수 있는 가치를 만드는 디자인으로 승부하라.

2. 스토리

정보와 데이터 등의 메시지를 쏟아내는 것만으로는 부족하다. 설득, 의사소통, 자기이해 등 훌륭한 스토리를 만드는 능력을 키워라.

3. 조화

조화는 작은 부분을 붙이고 통합하는 능력이다. 현시대의 능력은 분석이 아니라 통합이다. 큰 그림을 볼 수 있고 새로운 전체를 구성하기 위해 이질적인 조각들을 서로 결합해 내는 능력을 키워라.

4. 공감

논리적 사고만으로는 부족하다. 다른 동료들의 마음을 상하게 하는 것이 무엇인지 이해하고, 유대를 강화하며 타인을 배려하는 정신을 갖춰야 한다.

5. 놀이

하이컨셉 시대에서는 웃음, 명랑한 마음, 게임, 유머가 건강 면이나 사회적 성공 면에서 도움을 준다.

6. 의미

물질적인 풍요 사회에서, 우리에게는 목적의식, 초월적인 가치, 그리고 정신적인 만족감에 좀 더 깊은 의미를 부여하는 능력이 필요하다. 다니엘 핑크는 그의 저서에서 미래의 인재는 논리를 담당하는 이성적 영역인 '좌뇌'가 아닌 직관을 담당하는 감성적 영역인 '우뇌'가 발달한 인재라고 하며, 이러한 미래사회를 '하이컨셉-하이터치 시대'라고 명명하였다.

하이컨셉은 예술적·감성적 아름다움을 창조하는 능력을 말한다. 이는 트렌드와 기회를 감지하는 능력, 훌륭한 스토리를 만들어내는 능력, 언뜻 관계가 없어 보이는 아이디어를 결합하여 뛰어난 발명품을 만들어 내는 능력이다. 하이터치는 간단하게 말하면 공감을 이끌어 내는 능력이다. 인간관계의 미묘한 감정을 이해하는 능력, 다른 사람을 즐겁게 해 주는 요소를 도출해 내는 능력, 평범한 일상생활에서 목표와 의미를 끌어내는 능력이다.

7

미래학교는
마을결합형학교

몇 년 전부터 학교, 교육 관련 기관이나 단체, NGO 등에서 '마을학교', '마을결합형학교'라는 용어를 많이 사용하고 있다. 마을학교는 지방자치단체에서 마을의 교육적 역할을 강조하면서 캐치프레이즈로 사용한 '마을이 학교다'라는 말에서 생긴 단어이다. 마을결합형학교는 서울시교육청에서 혁신교육지구를 확대하는 과정에서 마을의 인적, 물적 자원을 교육 자원화하자는 취지에서 개념화한 용어이다. 따라서 현재 초중고등학교에서는 마을결합형학교를 공식 용어로 사용하고 있다.

학생과 학부모 들에게 '대도시에 위치한 학교에서 왜 마을이란 용어를 사용하나요?', '마을결합형학교란 어떤 학교인가요?'라는 질문을 자주 받는다. 교육계에서 사용하는 마을이란, 소위 시골이라는 농산어촌을 지칭하는 지리적 개념이 아니고 일정한 생활권에서 함께 살아가는 사람들의 공동체적 인간관계를 뜻하는 가치지향적 개념이다.

즉 마을이라는 공동체적 삶에 뿌리내렸던 두레, 품앗이, 계와 같은 생활양식에 담긴 '평등과 자치', '공유와 나눔', '협력과 상생'의 정신적 가치를 중시하는 개념이다. 마을결합형학교는 '마을을 담은 학교'로서 마을이라 할 수 있는 지역사회의 인적, 물적 자원을 학교교육에 다양한 방식으로 활용하는 열린 학교이다.

실제로 인권친화적인 학교문화 조성, 학교 민주주의 및 교육자치 정착, 진로직업교육 활성화, 교내외 교육 지원 거버넌스 구축 등의 당면 과제는 학교 교직원의 힘만으로는 수행하기 어렵다. 가정을 비롯하여 교육지원청, 행정구청, 교육 유관기관 및 민간단체의 다양한 도움의 손길이 필요하다. 그런 점에서 마을결합형학교 운영의 필요성은 설득력을 갖는다.

마을결합형학교는 기존의 학교와는 다른 운영체제를 지향한다. 학교 교육과정에 마을 교육과정이 포함되면서 교육과정 운영주체는 학생, 교원, 학부모에 마을 주민이 포함되며, 마을교육 전문가도 정규교육과정이나 방과 후 학교의 강사로 활동하게 된다. 그리고 학습 장소는 교실에서 마을 공간으로 확장되고, 교육 내용은 교과서의 지식에 마을의 삶이 포함된다.

이제 모든 초중고등학교는 시대적 변화와 트렌드에 적합한 학교경영을 고민해야 한다. 지속발전 가능한 미래형 학교는 마을결합형학교이다. '한 아이를 키우기 위해 온 마을이 힘써야 한다'는 아프리카 속담이 시사하는 바와 같이, 기존의 학교교육공동체인 학생, 학부모, 교직원의 범주를 넘어 학교 밖의 지역공동체인 교육지원청, 행정구청, 각종 교육유관기관 및 NGO까지 교육 파트너로 학교교육에 동참하는 오픈 경영 시스템 구축에 지혜를 모아야 한다.

그러한 경영 시스템의 성공적인 출발은 학교 교직원들이 마을결합형학교의 개념을 충분히 이해하고 운영의 필요성을 공감하는 데에 있다. 교직원의 자발성과 동참 의지 없이는 아무것도 할 수 없기 때문이다. 따라서 교육지원청은 단위학교 스스로 학교 경영체제와 조직문화를 바꾸어 가도록 현장 중심의 정책을 강구해야 하며, 학교장은 무엇보다 학교 혁신과 발전을 위하여 학생, 학부모, 교직원이 동참하는 소통과 논의의 장을 만들어야 하며 학교에 토론문화가 정착되도록 다양한 노력을 해야 한다.

8

교복 입은 시민에게
정치교육을 하자

　헌법 제1조 1항은 '대한민국은 민주공화국이다.'이고, 2항
은 '주권은 국민에게 있고, 모든 권력은 국민으로부터 나
온다.'이다. 따라서 우리 모두는 민주공화국이라는 정치공동
체의 구성원으로서 권력을 형성하고 분배하며 권력의 힘으
로 민주적인 삶을 만들어가는 정치적 삶을 살고 있다. 그런
점에서 우리는 직업적인 정치인은 아니지만 사회적으로 정
치적인 행보를 가고 있는 것이다.

　정치인들은 자신의 존재를 부단히 알리고 선동하는 방
식으로 대중정치를 한다. 그리고 그 선동은 문제 제기와 비
판, 혐오와 증오를 바탕으로 강력한 지지력이나 동원력을 갖

는다. 설상가상으로 일부 언론인이나 정치논객은 그러한 정치인의 지원자가 되거나 당의 후원자의 입장이 되어 나름대로의 팔로우 층을 형성하면서 사익을 취한다.

흑백논리의 대중정치가 일반화되고 국민들의 민주시민의식마저 결여된 사회에서는 권력관계에서 을에 해당하는 사람들도 갑을 지지하는 상황이 발생한다. 자신에게 득이 되면 '좋은 게 좋은 것'이라는 부화뇌동적인 군중심리가 작동한다. 정의롭지 못하고 비윤리적이어서 비난을 받아야 할 언행도 정치적 표현의 자유인 것처럼 인식되면서 유야무야되는 경우도 그런 것이다. 기득권 쟁탈을 위한 정치논리와 다수자의 무관심으로 인하여 사안의 본질이 희석되고 와해되면서 사회정의의 가치가 상실된다.

정의로운 사회는 공익의 가치가 존중되고, 윤리적이며 공정한 법이 제정되고 집행되는 사회이다. 민주주의가 꽃피기 위해서는 정치 방관자들과 부화뇌동하는 시민이 많아서는 안 된다. 사회정의 구현은 기득권층인 정치인들만의 몫이 아니고 정치적인 삶을 살고 있는 모든 시민이 함께 성취해야 할 공동의 과제이다.

갈등과 폭력으로 얼룩진 병든 사회를 정의롭고 행복한 사회로 만들어가기 위해서는 학교교육과 시민교육의 패러다임이 획기적으로 바뀌어야 한다. 공교육기관인 학교는 진학을 위한 교육에 경도되지 말고 제대로 된 민주시민교육(정치교육)을 강력하게 그리고 체계적으로 시행하여야 한다. 그리고 중앙정부와 지방자치단체로부터 예산을 지원 받고 있는 교육 관련 시민단체는 행정기관에 예속되지 말고 소신과 철학을 갖고 정의롭고 평화로운 민주시민사회 구축을 위하여 지역사회교육에 전력을 다해야 한다.

우리 교육자들은 진보와 보수로 나뉜 패거리 정치, 그에 동조하는 정치논객들과 언론, 동원되는 시민 등 편파적이고 선동적이며 저급한 대중정치 문화의 그늘에서 목소리 없는 방관자가 되어서는 안 된다. 사회정의를 구현하기 위해서는 하루속히 교육의 정체성을 바로 세워야 한다. '교육이 사회를 바꾸고, 교육이 미래를 만든다'는 평소의 생각을 관철해야 한다.

학교에서 학생들에게 민주시민성과 인권의식을 높이는 정치교육을 전혀 하지 않는다면, 10년 또는 20년 후에 우리의 제자들이 정치를 할 때에도 개개인의 다양성과 차이를 존중하는 토론문화와 민주적인 합의와 화합을 중시하는 정치문화는 기대할 수 없을 것이다.

'대한민국의 미래는 교육에 달렸다'는 생각으로 학교생활을 하는 교복 입은 시민에게 정치교육을 시작하자.

8장

평생교육 편

모두가 행복한 평생학습사회 구현

① 차별 없는 민주시민사회 만들기

지금 전국의 중고등학교는 성평등을 지향하는 스쿨 미투 (#School_MeToo), 페미니즘 운동의 확산으로 인하여 과거보다 더욱 학생인권에 관심을 갖고 인권친화적인 학교문화를 조성하는 데 역점을 두고 있다.

이제 '학생은 교복 입은 시민이며, 학교는 시민사회'라는 말이 설득력을 얻고 있다. 이러한 시대적 상황에서 우리 교육자들은 차별 없는 학교문화를 어떻게 만들어 가야 할지, 인권문제와 관련하여 제기되고 있는 다양한 주제에 대하여 토론을 하며 깊은 성찰을 해야 한다.

그런 관점에서 인권교육을 하면서 자주 사용하는 용어인

고정관념, 편견, 차별의 개념과 속성에 대해 생각해 보자.

1. 고정관념Stereotype

고정관념은 우리가 살면서 직접 체험하거나 또는 간접 체험을 통하여 얻어진 인식들이 내면화된 단상이다. 그래서 모든 사람은 누구나 고정관념을 갖고 있다. 고정관념은 사회 현상에 대한 개인이나 집단의 관점이므로 고정관념을 갖는 것 자체는 지극히 자연스러운 일이다. 그렇지만 고정관념은 가정, 학교, 사회 등 생활공동체에서 끊임없이 강화되고 일반화되기 때문에 잘못된 가치관으로 의식화될 수 있다.

2. 편견Prejudice

편견은 고정관념에서 시작한다. 예를 들어 누군가가 A라는 국가를 여행하면서 식당에서 비위생적인 요리를 경험한 후에, 'A나라 사람은 모두 더럽고 지저분해'라고 생각한다면, 비위생적인 요리에 대한 고정관념으로 인하여 편견을 갖게 된 것이라 할 수 있다. 이와 같이 고정관념에 가치를 부여하면 편견이 될 수 있는 사례는 너무나 많다. 편견은 자신도 모르게 학습되고 사회화된 판단이다. 그래서 편견을 갖지 않으려면 항상 자신의 생각과 언행을 성찰하는 습관을 가져야 한다.

3. 차별Discrimination

차별은 편견에 따라 행동할 때 일어난다. 차별은 성별, 종교, 나이, 출신 국가와 출신 민족, 언어, 장애, 용모, 인종, 사상 또는 정치적 의견, 성적 지향, 성별정체성 등을 이유로 개인이나 집단이 사회생활에 온전히 참여하는 것을 방해하는 것이다. 그리고 차별행위는 무시, 회피, 배제, 조롱, 중상, 위협, 혐오, 폭력 등으로 나타난다. 인성교육이나 인권교육은 다름 아닌 사람다운 사람을 교육하는 것이다. 정부와 학교는 글로벌 사회이자 다문화 사회를 살아가는 학생들이 차이를 다름과 다양성으로 생각하며 차별하지 않는 정의로운 시민성을 함양하도록 민주시민교육을 강화해야 한다.

누구보다도 교육자들은 스스로 편견을 갖지 않는 생활습관을 몸에 익혀야 한다. 당연하거나 익숙한 현상에 대하여 새로운 관점으로 생각해 보는 역량을 키워야 한다. 그 방법은 아동, 여성, 노인, 이주민, 장애인, 극빈자 등 주변의 약자나 소수자와 더 많은 관계를 맺고, 그들의 삶을 더 많이 이해하는 관계지향적인 삶을 사는 것이다. 모두가 더불어 함께 살아가는 행복사회 구축은 차별 없는 평등한 민주시민사회를 만드는 것이다.

2

성인 대상 시민교육이 필요하다

급변하는 산업사회에서 성인은 새로운 환경 그리고 새로운 지위와 역할에 따라 자신의 라이프 스타일을 끊임없이 변화시켜야 한다. 성인은 우리 사회의 정신문화와 삶의 공동체를 이끌고 있는 연령층으로 차세대의 삶에 막대한 영향을 미치는 사람들이다. 그렇기 때문에 성인들은 인공지능시대이자 평생학습시대에서 필요한 지식과 기술 그리고 행동양식을 적극적으로 배워야 한다.

성인을 대상으로 하는 시민교육은 올바른 시민성을 배양하는 교육이다. 시민성이란 시민이 갖추어야 할 자질이다. 이는 개인으로서의 자질뿐 아니라 공동체 구성원으로서의 자질까지 함의한다. 그래서 시민교육은 시민 자신의 이익과 공동체의 이익을 조화롭게 추구하면서 공동체의 가치와 정의를 구현할 수 있는 역량을 배양시키는 데에 역점을 두고 있다.

미국의 시민교육센터Center for Civic Education는 시민교육을 '시민들이 스스로 자신의 권리를 보호하고, 공공의 이익을 위하여 알아야 하는 민주주의의 기본적 이념과 절차적 원리를 가르치고 시민이 직접 통치과정에 참여할 수 있도록 안내하는 과정'이라고 정의한다.

성인 대상 시민교육의 필요성을 개인적, 사회적, 국가적 차원에서 좀 더 구체적으로 생각해 보자.

첫째, 개인적 차원에서는 시민 개개인의 삶의 질을 높이기 위함이다. 시민교육은 시민들이 변화하는 시대적 상황에서 교육 격차, 정보 격차, 생각 격차로 소외되거나 낙오하지 하지 않고, 공동체적 삶에 순응하면서 자아실현을 할 수 있도록 필요한 지식, 기술, 태도를 가르치는 교육이어야 한다.

둘째, 사회적 차원에서는 공동체의식을 함양하기 위함이다. 시민은 이미 공적 개인이다. 그래서 시민 개개인은 정치공동체, 사회공동체 등 생활공동체의 구성원으로서 공동체의 질서와 가치를 중시하면 살아야 한다. 시민교육은 법질서 의식, 배려와 나눔, 참여와 연대 등의 공생을 위한 덕목을 가르치는 교육이어야 한다.

셋째, 국가적 차원에서는 모두가 행복한 복지국가를 건설하기 위함이다. 국가의 역할은 어느 누구이든 약자나 소수자의 입장에서 차별받거나 고통받지 않고, 존중받으며 자유롭게 살 수 있는 평화로운 복지사회를 건설하는 일이다. 지금의 갈등사회, 폭력사회를 행복사회로 만들어 가기 위해서는 시민교육이 더욱 강화되어야 한다.

그동안 학교교육에서 민주시민교육이라는 이름으로 인성교육을 해 왔으나 진학 중심의 지식교육으로 인하여 민주시민교육은 성과를 거두지 못하였다. 지금이라도 정부 정책과 학교교육은 '인간다운 인간교육'을 목적으로 민주시민교육을 해야 한다. 그러기 위해서 민주시민교육을 지금처럼 학교에만 맡겨서는 곤란하다. 학부모, 교사, 직장인, 군인, 대학생 등 성인을 대상으로 하는 시민교육에 역점을 두어야 한다. 성인들이 변하지 않고, 성인들이 나서지 않으면 어찌 아이들을 제대로 교육할 수 있겠는가?

성인을 대상으로 하는 시민교육과정은 취미, 건강, 취업 등의 분야도 중요하지만, 인간 개개인의 존엄성 존중, 시민으로서의 권리와 책임의식, 개인보다는 집단을 먼저 생각하는 공동체의식, 사회 변화를 위한 참여와 연대의식을 갖도록 하는 시민성 함양 교육에 중점을 두어야 한다.

3

촛불시위는
시대정신의 발로

2016년 10월부터 겨울 내내 전국적으로 박근혜 대통령 탄핵과 해임을 외치는 촛불시위가 지속되었다. 1987년 6월 군사정권의 장기집권을 저지하기 위해 전국적으로 일어난 민주화 운동보다도 더욱 강렬한 범국민적 운동이었다. 2년이 지났지만 우리 교육자들은 촛불시위가 주는 의미를 교육적 관점에서 깊이 성찰할 필요가 있다.

먼저 헌법 제1조 1항인 "대한민국은 민주공화국이다."라는 말을 되새겨 보아야 한다. 민주공화국은 민주주의와 공화국이 합쳐진 복합어이다. 민주주의democracy는 '인민 또는 국민'이라는 demo와 '지배'라는 cracy의 합성어이므로 국민

통치를 의미한다. 공화국republic은 '공적인 것 또는 공익'을 뜻하는 라틴어 res publica에서 파생된 단어로 공익을 추구하는 공동체를 의미한다. 따라서 민주공화국은 국민이 주체가 되어 공익을 추구하기 위하여 정치에 참여하는 정치체제를 의미한다.

지난 정부와 같이 대통령 측근들이 주어진 권력(직책)을 공익보다 사익에 남용하면서 국정을 농단하고 국민의 삶을 외면한다면, 우리나라는 허울 좋은 민주공화국일 뿐이다. 1948년에 제정한 헌법을 지금까지 9차례나 개정한 대한민국이 아직도 헌법 제1조 1항의 가치를 구현하지 못하고 있으니 정말로 부끄럽기 그지없다.

매주 토요일마다 열렸던 촛불시위의 함성은 정부의 부정부패에 대한 분노이자 모두가 행복한 사회를 염원하는 국민의 울부짖음이었다. 타오르는 촛불은 시대정신을 상징한다. 시대정신은 한 시대의 문화적 소산에서 기인한 정신적 태도이자 이념이다.

시대정신과 관련하여 노블레스 오블리주Noblesse Oblige와 앙가주망Engagement을 한번 생각해 보자. 노블레스 오블리주는 '지배층의 도덕적 의무'란 뜻으로 고위공직자는 청렴하게 자신의 의무를 충실히 이행해야 한다는 프랑스 공직사회의 행동양식이자 불문율이다.

앙가주망은 '지식인의 사회 참여'란 뜻이다. 프랑스의 앙가주망 정신은 에밀 졸라, 장 폴 사르트르, 앙드레 말로와 같은 행동하는 지성을 낳았고, 국민들의 언론 활동을 통한 자유로운 정치사회의 참여는 국민의 의무라는 생각을 갖도록 했다. 민주주의를 탄생시킨 프랑스의 시대정신은 이렇게 살아 숨쉬고 있다.

시대정신은 개개인의 삶과 관련된 가치를 넘어서는 사회와 국가라는 공동체의 가치와 공동선을 추구하는 개념이다. 온 국민이 동참하는 촛불시위는 우리 국민들이 개인주의적 삶을 초월한 정의, 인권, 평등, 공익 등 공동체적 가치와 정의를 중시하는 계기를 만들었다.

국민적 공감대로 형성되는 시대정신은 정치적 계파싸움, 지역 간·세대 간 갈등과 불통, 극심한 빈부격차, 만연한 학력·학벌주의, 심화된 교육 불평등, 끊임없는 인권침해 등의 정치사회적인 문제를 근본적으로 해결하는 동력이 될 것이다. 촛불시위는 대한민국에 참여민주주의가 꽃 피고, 국민 모두가 행복한 복지국가의 길을 여는 촛불혁명이다. 혁명의 아픔과 시련 뒤에 반드시 기쁨과 안식이 오리라.

| 앙가주망 |

'앙가주망engagement'은 프랑스어로 '사회 참여'란 뜻이다. 프랑스의 지식인들은 '아는 만큼 행동하고, 사상에 대한 사회적 책임을 의무로 받아들이는 것'을 지식인의 자질이라 생각한다. 그리고 그들은 언론을 '국민에게 주어진 공론의 장'으로 생각하고 언론 활동을 사회 참여의 수단으로 적극 활용하고 있다.

에밀 졸라의 명문 '나는 고발한다J'accuse!'도 1898년 1월 13일에 '로로르(L'Aurore, 여명·새벽이란 뜻)'라는 신문을 통해서 발표되었다. 에밀 졸라는 "반복컨대, 진실은 땅속에 묻더라도 그대로 보존되고, 그 속에서 무서운 폭발력을 간직한다. 이것이 폭발하는 날, 진실은 주위의 모든 것을 휩쓸어버릴 것이다…… 누가 감히 나를 법정으로 끌고 갈 것인가."라고 소신 발언을 하였다.

대한민국의 초중고등학교에서도 학생들에게 앙가주망 능력을 배양하도록 노력해야 한다. 예를 들어 가정경제적인 어려움으로 방과 후에 아르바이트를 하고 있는 학생이 영업장에서 부당한 대우를 받고 있다면 학생 스스로 그 부당함에 대하여 정당한 권리 주장을 할 줄 알아야 한다. 권력형 갑질로 인한 억압과 차별에 대하여 문제의식을 갖고 기본적 권리를 찾기 위하여 행동으로 실천하는 능력이 바로 앙가주망인 것이다.

앙가주망 능력 배양은 토론수업으로 가능하다. 토론수업은 지식과 기능, 가치와 정의, 참여와 연대의식을 가르치는 사회 참여 교육이며 민주시민역량을 키우는 인생수업이다.

4

사상, 양심, 종교의 자유에 대해 생각하다

2018년 6월 28일 헌법재판소는 양심적 병역기피자에게 징역형을 내리는 것은 부당하니 대체복무제라는 병역제도를 만들어야 한다는 의도로 '헌법 불일치' 판결을 내렸다. 헌재의 판결 이유는 "현역·예비역·보충역·병역준비역·전시근로역의 현행 5가지 병역 종류는 모두 군사 훈련을 받는 것을 전제로 하고 있으므로 양심적 병역거부자에게 병역 종류 조항에 규정된 병역을 부과하면 그들의 양심과 충돌을 일으킬 수밖에 없다. 충분히 병역의 대안이 될 수 있는 대체복무제를 규정하지 않은 병역 종류 조항은 과잉 금지 원칙에 위배되어 양심의 자유를 침해한다."는 것이다.

이러한 헌재의 결정에 대하여 언론은 주도적으로 찬반토론을 기획하고 국민의 다양한 의견을 게재하여, 양심적 병역거부와 대체복무제에 관하여 관심이 높아졌다. 차제에 우리 교육자들도 사상, 양심, 종교의 자유에 대하여 법리적 관점을 이해하고, 이러한 종교 및 신념의 자유가 학교교육 활동에는 어떻게 반영되어야 하는지 충분한 성찰과 연구를 할 필요가 있다.

먼저 국제법을 안내하고 법에 명시된 조항을 중심으로 사상, 양심, 종교의 자유에 대한 법리적 관점을 소개한다.

시민적 및 정치적 권리에 관한 국제규약 제18조

1. 모든 사람은 사상, 양심, 종교의 자유에 대한 권리를 가진다. 이러한 권리는 스스로 선택한 종교나 신념을 가지거나 받아들일 자유와 단독으로 또는 다른 사람과 공동으로, 공적 또는 사적으로 예배, 의식, 행사 및 선교에 의하여 그의 종교나 신념을 표명하는 자유를 포함한다.

2. 어느 누구도 스스로 선택한 종교나 신념을 가지거나 받아들일 자유를 침해하게 될 강제를 받지 아니한다.

3. 자신의 종교나 신념을 표명하는 자유는 법률에 규정되고 공공의 안전, 질서, 공중보건, 도덕 또는 타인의 기본적 권리 및 자유를 보호하기 위하여 필요한 경우에만 제한받을 수 있다.

위의 시민적 및 정치적 권리에 관한 국제규약(이하 자유권) 제18조에 대하여 우리는 세 가지 법리적 관점을 반드시 이해할 필요가 있다.

첫째는 자유권 제18조에 명시된 자유의 개념이다. 1항에서 사상, 양심, 종교의 자유는 두 가지 자유를 함의한다. 하나는 '가지거나 받아들일 자유'와 다른 하나는 '표명하는 자유'이다. 전자는 침해받을 수 없는 절대적 자유이나, 후자는 필요에 따라 제한받을 수 있는 상대적 자유이다. 3항에서 공공의 안전, 질서, 공중보건, 도덕 또는 타인의 기본적 권리 및 자유를 보호하기 위하여 필요한 경우 제한할 수 있다고 명시되어 있다.

둘째는 자유권에 사상과 양심의 자유가 포함된 이유이다. 종교의 자유는 익숙한 개념인데 반하여, 사상과 양심의 자유는 조금은 생소할 것이다. 사상과 양심의 자유는 인간의 존엄성에 바탕을 둔 기본적 권리로서 사상과 양심은 사회공동체를 살아가는 개개인의 신념으로 반드시 존중되어야 하는 표현의 자유이다. 그래서 제18조에 종교적 자유만이 아니라 무신론, 불가지론, 합리주의 및 자유사상 등 사상과 양심의 자유가 포함된 것이다. 금년에 태국 출신 여성 차노크난이 태국인 최초로 난민 인정을 받았다. 우리나라는 정치적 의견으로 박해를 받지 않아야 할 사상과 양심의 자유를 존중하여 그녀를 난민으로 인정한 것이다.

셋째는 사상, 양심, 종교의 자유를 제한한 이유이다. '표명할 자유'는 '가지거나 받아들일 자유'와는 달리 추구하는 목적에 비례해야 하기 때문이다. 양심적 병역거부자들의 대체복무제에 관한 찬반토론도 이러한 사상, 양심 및 종교를 표명하는 자유를 비례의 원칙을 적용하여 자유권을 제한하려는 목적을 갖고 있다. 다시 말해서 개인의 양심적 병역기피는 법률로 제정한 신성한 국방의 의무를 훼손하지 않는 범위 내에서 보장될 필요가 있기 때문이다.

이와 같이 세계인권선언에 기초하여 만들어진 국제법인 시민적 및 정치적 권리에 관한 국제규약 제18조에는 사상, 양심, 종교의 자유를 보장해야 함을 명시하고 있다. 서울시교육청에서 2012년 1월에 공표한 서울학생인권조례에도 사상, 양심, 종교의 자유가 조례 제17조(의사표현의 자유)와 조례 제16조(양심·종교의 자유)에 담겨 있다.

학교의 선생님들께서는 학생인권조례에 명시된 학생들의 표현의 자유, 양심·종교의 자유가 최대한 보장될 수 있도록 인권친화적인 교육과정 운영과 생활지도를 해야 한다.

* 본 내용은 2018년 11월 2일 서울대학교에서 개최한 '난민법의 현재와 미래'라는 국제학술 심포지엄에서 뉴질랜드 이민보호재판소 부소장 마틴 트레드웰이 발표한 원고의 일부를 참고하였습니다.

⑤ 백세시대, 우리에게 필요한 죽음교육

유럽에서는 많은 대학에서 대학생들이 교양강좌로 죽음학Thanatology을 배운다고 한다. 죽음학의 목적은 죽음에 대한 무지로 인해 불안과 두려움을 갖기보다는 죽음을 올바르게 이해하여 생명의 우연성과 유한성을 인식하고, 현재의 생명의 시간을 낭비하지 않게 하고 높은 정신적 삶의 가치와 진정한 행복을 찾게 하는 교육이다. 죽음교육은 삶의 가치를 이해하고 생명의 존엄성을 느끼고 삶의 질을 높인다. 죽음교육의 핵심가치와 비전은 인간의 존엄성과 인간다움의 회복이다. 죽음교육에 적용되고 있는 웰다잉Well-dying 프로그램을 몇 가지 소개한다.

1. 건강 체크하기

2. 사전 의료의향서 작성하기

3. 자기성찰의 시간 갖기

4. 유언장 미리 쓰기와 자서전 작성

5. 자원봉사 활동하기

6. 버킷리스트 삭성하기

7. 추억 물품 보관하기

8. 마음의 빚 청산하기

9. 고독사 예방

10. 장례 계획 세우기

웰다잉 프로그램 중의 하나인 버킷리스트bucket list 작성 방법(예시)도 소개한다.

1. 구체적 목표 달성 날짜와 실천 시간을 정한다.

2. 작고 사소한 것부터 적는다.

3. 카테고리를 세분화한다.

4. 항상 지금을 가치 있게 살도록 한다.

5. 자녀에게 자립심을 길러주는 교육과 봉사심을 보여주는 행동을 한다.

6. 자녀에게 양서를 읽어 준다.

7. 모르는 사람, 어려운 사람을 도와준다.

사람은 누구나 마지막까지 자신의 존엄성을 지키며 죽기를 바란다. 그래서 많이 나오는 이야기가 존엄사와 안락사이다. 존엄사는 자연스러운 죽음에 가깝다면, 안락사는 적극적으로 죽음을 유도하는 개념이다. 존엄사는 회복이 불가능한 경우 무의미한 연명치료를 중단하는 것으로, 인공호흡기를 제거해 자연스러운 죽음에 이르게 하는 방식이다. 안락사는 참을 수 없는 고통을 겪을 때 의료적 조치로 죽음에 이르게 하는 것으로, 치사량의 몰핀을 주사하는 등 직접적 행위를 수반한다.

존엄사는 사회적 합의의 폭이 넓지만, 안락사는 조력 자살을 합법화하는 것이어서 사회적 논란이 거세다. 미국은 5개 주가 안락사를 허용했고 20개 주에서 법안을 검토 중이다. 유럽에서는 벨기에, 네덜란드, 룩셈부르크, 스위스에서 안락사를 허용한다. 스위스에는 4곳의 안락사 지정 병원이 있는데 그중 디그니타스Dignitas 병원은 원정 안락사 외국인이 1,900명이 넘는다. 프랑스는 2004년 존엄사를 인정하는 '인생의 마지막 법'을 제정했다. 캐나다와 일본도 법적 인정을 검토 중이다.

한국도 2011년 사전 의료의향서(치료방식의 자기결정) 실천

모임이 생기고 캠페인도 개최되고 있으며 연명치료 관련 법률안도 발의되었다. 2014년 한국보건사회연구원이 실시한 노인 실태조사에 따르면 65세 이상의 88.9%가 연명치료를 반대했다. 품위 있는 죽음, 웰다잉을 원한다는 의미이다.

평생교육 차원에서 실시하는 다양한 성인교육 프로그램에 죽음교육을 교양강좌로 편성할 필요성이 있다. 성인 학습자들이 덴마크 영화 〈사일런트 하트〉, 프랑스 영화 〈아무르〉와 같은 죽음 관련 영화를 관람하고, 떠올리고 싶지 않은 죽음에 대하여 토론수업을 한다면, 그들은 죽음을 삶의 연장으로 받아들이고 죽음을 준비하는 지혜를 얻게 되어 보다 행복한 삶을 만들어 갈 것이다.

6

성인 대상 교육은
달라야 한다

2010년 이후 서울을 비롯한 시도교육청은 혁신교육지구를 운영하고 있다. 혁신교육지구는 교육청, 자치구청, 민간단체 등 지역공동체가 거버넌스를 구축하고 학교를 다양한 방식으로 지원하는 교육자치지구를 말한다. 혁신교육지구의 학교들은 마을결합형학교를 지향하면서 가정의 학부모와 마을의 교육 전문가들과 파트너십으로 학교를 운영하고 있다.

이러한 시대적인 교육 환경의 변화로 인하여, 앞서가는 학교는 커뮤니티학교이자 평생학습기관으로서의 위상을 갖고 학부모와 지역주민을 대상으로 많은 프로그램과 강좌를 운영하고 있다. 이제 학교는 학교 밖 교육 전문가들의 역량을 학교교육 자원으로 결집하기 위해 성인교육andragogy을 지원하는 전문성이 요구된다.

현재 서울시의 초중고등학교는 2012년 학부모 조례가 정식으로 발표되면서 학교 차원의 학부모 강좌가 다양하게 개최되고 있다. 학교의 교원들은 학부모를 대상으로 실시하는 성인교육이 성공적으로 추진되기 위해서는 효과적인 성인교육 방법을 연구해야 한다.

금천구, 구로구 및 송파구에서 마을교육활동가를 대상으로 원탁토론 방식의 연수를 진행하였던 경험이 있다. 성인학습자는 학교에서 가르치는 학생들과 다른 득성을 지닌다. 그들은 이론보다는 자신의 경험을 믿는다. 옳고 그른지 답을 쉽게 말하지 않지만 미리 답을 갖고 있다. 직접적인 이득이 있거나 필요에 부응해야 교육에 관심을 보이며, 해결 방안이 주어졌을 때 비로소 변화를 보이기 시작한다. 그러나 배우는 사람마다 수업에서 요구하는 정도가 다르고 수준 차이도 크다. 그리고 교육시간에 민감하다. 이런 특성을 고려한 효과적인 성인교육의 방법을 소개한다.

- 자발성, 자율성, 다양성을 고려한 질의응답이나 토론 방식
  의 학습

- 이론 중심보다는 체험학습이나 협력학습
- 학습자의 요구를 반영한 다양한 내용의 프로그램 운영
- 화합과 즐거움을 주기 위한 교양이나 인문학 강좌 넣기

이런 성인교육의 노하우는 교직원을 대상으로 하는 각종 연수에도 적용할 수 있다. 특히 선생님을 대상으로 하는 연수에서는 가르치려고 하지 말고 많이 아는 척도 하지 말아야 한다. 선정된 문제나 과제에 대하여 함께 고민하면서 해결방안이나 전략을 같이 생각하는 수평적 관계의 분위기를 만들면서 그들의 자존감을 높여주는 질의응답, 발표, 토론 등의 연수자 참여 중심의 교육방식을 택하는 것이 바람직하다.

| 성인교육을 위한 네 가지 교수 기법 |

우리 교육자들은 학교에서 학부모나 마을교육활동가를 대상으로 연수나 교육을 할 경우에는 학생을 교육하던 방식과는 다른 교수법을 적용하여야 한다. 성인교육에 꼭 염두에 두어야 할 네 가지 교수 기법인 상호작용, 동기유발, 우연성, 다양성에 대하여 몇 가지 팁을 드린다.

첫째, 상호 작용

일방적 강의는 금물이다. 질문을 자주 하는 방식의 강의를 해야 한다. 질문은 주의 집중, 참여 유도, 관심 유도, 학습자 존중의 효과가 있다. 그리고 질문은 이유나 원인을 캐묻는 릴레이 질문 방식으로 한 가지 질문을 여러 사람에게 하는 것도 강의의 흥미를 돋우는 방법이다. 그리고 질문에 답변한 분들께는 반드시 감사 표시와 함께 자존감을 높여주는 피드백으로 칭찬을 한다.

둘째, 동기유발

학습자의 참여 동기와 비전을 공개하여 학습의 필요성과 가치를 강조한다. 그리고 학습을 통하여 얻는 이익이 무엇이며, 학습 결과를 어떻게 활용할 것인가에 대하여 대화를 나누는 것이 학습 동기유발에 효과가 있다.

셋째, 유연성

유연성이란 학습자의 연령과 학습자 수에 적합한 강의 환경을 조성하는 배려이다. 학습자들이 신체적으로 쉽게 피로를 느끼거나 지루해 하지 않도록 강의실 좌석 배치, 조명 상태, 교육 도구를 사전에 점검하고 여유로운 휴식시간과 가벼운 음료 제공에 신경을 써야 한다. 그리고 강의 중에 발생할 수 있는 돌발 상황에 침착하게 대응하는 지혜도 발휘할 수 있어야 한다.

넷째, 다양성

다양한 교수법을 익혀 강의 주제와 학습자들의 역량과 요구를 고려한 교육 방법을 적용한다. 성인 대상 강의는 원탁토론, 찬반토론, 소그룹토론, 질의응답 등 모든 학습자들이 동참하는 방식의 강의를 하면 효과적이다.

이외에도 교육의 효과를 높이기 위해 풍부한 사례와 예시를 제공하는 것이 좋다. 학습자는 개념보다는 예시를 통해 학습 내용을 더 잘 기억한다. 그리고 예시는 현실적인 내용일수록 더 쉽게 받아들인다. 강의 종료 시에는 반드시 학습자들에게 느낀 점, 배운 점, 바라는 점에 대한 질문을 하고 그에 대한 피드백을 하는 것이 강의의 만족도를 높일 수 있다.

* 위 내용은 서울자유시민대학 본부에서 제공한
연수 자료에서 일부 발췌한 내용입니다.

7

코로나19 상황에서의
민주시민성 교육 방안

WHO는 2020년 3월 11일, 홍콩 독감(1968), 신종플루(2009)에 이어 세 번째로 코로나19를 세계적인 감염병 상태인 팬데믹으로 선포했다. 우리 국민은 코로나19로 불안과 두려움에 떨며 이전과는 완전히 달라진 생활을 하고 있다. 모두가 마스크를 쓰고, 사회적 거리두기를 하면서 모임을 자제하고, 상점은 문을 닫고, 학교는 휴교하거나 비대면 교육을 하고 있다. 삶의 방식과 사회 활동의 메커니즘이 확연히 달라졌다.

이러한 팬데믹 상황을 극복하기 위하여 정부는 '한국판 뉴딜' 종합계획(2020.7.14.)을 수립하고, 교육부는 '그린 스마트 스쿨' 정책을 발표하였다. 현재 교육부 정책의 대부분은 온라인교육을 위한 시설과 설비 투자에 초점을 두고 있다. 우리 교육자들은 하드웨어적 측면보다는 시대적 상황과 트렌드를 반영한 휴먼웨어적인 부분에서 지속발전가능한 교육 방법과 내용을 모색하는 일에 지혜를 모아야 한다.

2014년 세월호 사고 이후, '교육계에서는 삶을 위한 교육'을 어떻게 할 것인가에 대한 성찰과 반성이 이루어졌다. 또 2015년 5월 인천에서 열린 유네스코 주관의 세계교육포럼의 영향으로 지속발전가능한 Post-2015 교육의제를 논의하기 시작하였다. 이제는 2020년 1월부터 시작된 코로나19 팬데믹으로 인한 삶의 변화와 시대 상황을 고려하여 교육 패러다임을 미래지향적인 방향으로 전환해야 한다. 그러기 위해서는 대한민국 교육의 현실을 분석하고 반성하는 성찰과 실천 가능한 미래교육을 설계하는 연구가 이루어져야 한다.

코로나19 이후의 미래교육정책은 그동안 어떤 정부에서도 해결하지 못한 대한민국 교육의 어두운 그림자인 학생의 '자살률 최고, 행복지수 최저', 사교육비 연 21조원, 학교 밖 청소년 약 38만 명, 학교폭력, 사이버폭력, 성폭력 등의 문제를 해결할 수 있는 실속 있는 혁신정책이어야 한다. 2019년 12월 7일, 교육부와 12개 교원양성대학이 〈학교민주시민교육〉 콘퍼런스를 개최한 것은 학교 교육의 본질과 정체성에 관한 연구발표였다는 점에서 바람직한 행사였다고 생각한다.

차제에 정부와 교육계에서 고민하고 있는 미래교육으로서의 학교민주시민교육에 대하여 몇 가지 현실적인 제언을 하고자 한다.

첫째로, 학교민주시민교육은 글로벌시민교육의 방향성을 가져야 한다. 향후 우리에게 직면할 수 있는 기후변화, 질병, 생태파괴, 차별과 폭력, 전쟁 등은 한 국가의 문제를 넘어서는 전 지구적인 문제이기 때문이다. 그리고 글로벌시민성 함양 교육은 학교만이 아니라 가정, 사회, 국가를 포괄하는 평생교육 차원으로 접근해야 한다.

둘째로, 학교민주시민교육은 인권의식을 높이는 교육에 역점을 두어야 한다. 민주시민교육의 당면과제는 차별과 폭력 없는 다양성과 차이를 존중하는 인권친화적인 행복사회를 만드는 것이다. 인권의식은 지식, 가치와 태도, 참여와 연대를 아우르는 개념으로 글로벌시민성 함양을 위한 기본역량이다.

교육계는 코로나19로 인한 '사회적 거리두기'가 더불어 사는 공동체성을 함양하는 계기가 될 수 있도록 인권교육에 모든 역량을 집중해야 한다. 인권이 희망이다.

참고도서

가토 다이조, 이정환 옮김, 《열등감을 자신감으로 바꾸는 심리학》, 나무생각, 2015

강치원, 《토론의 힘》, 느낌이 있는 책, 2013

게리 스펜스, 이순주 옮김, 《설득》, 세종서적, 2003

곽삼근 외 5명, 《일상의 여성학》, 박영사, 2017

구정화·설규주·송현정, 《학교 인권교육의 이해》, 국가인권위원회, 2012

국가인권위원회, 〈2018 아동인권 보고대회〉, 2018

김기홍, 《마을의 재발견》, 올림, 2014

김동춘 외 2명, 《편견을 넘어 평등으로》, 창비, 2006

나이토 요시히토, 전경아 옮김, 《협상 심리학》, 지식여행, 2011

넬 나딩스·로리 브룩스, 정창우·김윤경 옮김, 《논쟁수업으로 시작하는 민주 시민교육》, 풀빛, 2018

닐 클라크 워런, 오태균 옮김, 《분노 관리법》, 눈출판그룹, 2015

레슬리 기블린, 노지양 옮김, 《인간관계의 기술》, 미래지식, 2010

록산 게이, 노지양 옮김, 《나쁜 페미니스트》, 사이행성, 2016

마셜 B. 로젠버그, 캐서린 한 옮김, 《비폭력 대화》, 한국NVC센터, 2017

마이클 샌델, 안진환·이수경 옮김, 《왜 도덕인가?》, 한국경제신문사, 2010

메리 울스턴크래프트, 문수현 옮김, 《여성의 권리 옹호》, 책세상, 2018

모로오카 야스코, 조승미·이혜진 옮김, 《증오하는 입》, 오월의 봄, 2015

모리스 볼슨, 신난자 옮김, 《당신도 더 좋은 부모가 될 수 있다》, 민지사, 2000

박경서 외 8명, 《인문학이 인권에 답하다》, 철수와 영희, 2015

박경태, 《인권과 소수자 이야기》, 책세상, 2007

박길남, 《빗물이 흘러 강이 되는 다문화》, 북스타, 2014

박성숙, 《독일 교육 이야기》, 21세기북스, 2015

박성희, 《독일교육, 왜 강한가?》, 살림터, 2014

벨 훅스, 이경아 옮김, 《모두를 위한 페미니즘》, 문학동네, 2017

변성숙·변국희·안해용, 《학교폭력 솔루션》, 좁쌀한알, 2018

서울시교육청, 〈독일 보이텔스바흐 합의와 민주시민교육〉, 2017

시부야 쇼조, 채숙향 옮김, 《경청 심리학》, 지식여행, 2014

연문희, 《성숙한 부모, 유능한 교사》, 양서원, 2004

오즐렘 센소이·로빈 디앤젤로, 홍한별 옮김, 《정말로 누구나 평등할까?》, 착한책가게, 2016

와다 히데키, 전선영 옮김, 《감정적으로 받아들이지 않는 연습》, 위즈덤하우스, 2017

원유미 외 4명, 《교육 선진국 핀란드를 가다》, 서울시교육청, 2007

원탁토론 아카데미, 〈새시대의 교육을 그리다〉, 학술심포지움, 2014

이재진·이정기, 《표현, 언론 그리고 집회결사의 자유》, 한양대학교출판부, 2011

일본홀리스틱교육연구회, 송민영·김현재 옮김, 《홀리스틱 교육의 이해》, 책사랑, 1999

정희진 외 4명, 《양성평등에 반대한다》, 교양인, 2016

정희진, 《페미니즘의 도전》, 교양인, 2013

제시카 조엘 알렉산더, 고병헌 옮김, 《행복을 배우는 덴마크 학교 이야기》, 생각정원, 2019

제철웅 외 2명, 《인권경영 길라잡이》, 국가인권위원회, 2012

조희연, 《병든 사회, 아픈 교육》, 한울아카데미, 2014

찰스 두히그, 강주헌 옮김, 《습관의 힘》, 갤리온, 2012

최훈, 《불편하면 따져봐》, 창비, 2014

토니 포터, 김영진 옮김, 《MAN BOX》, 한빛비즈, 2019

토머스 고든, 이훈구 옮김, 《부모 역할 훈련》, 양철북, 2002

하승수, 《세계 인권사》, 두리미디어, 2012

하종강, 《우리가 몰랐던 노동 이야기》, 나무야, 2018

한양대인권센터, 〈미투(#MeToo)와 함께하는(#WithYou) 대학〉, 한양대학교출판
　　부, 2019

Nicola Morgan, 《The Teenage Guide to STRESS》, Walker Books, 2014

교육을 교육하다
미래교육을 위한 8가지 키워드

초판 1쇄 발행 | 2019년 9월 16일
2판 1쇄 발행 | 2021년 1월 10일

지은이 | 임종근

발행인 | 김병주
COO | 이기택
CMO | 임종훈
뉴비즈팀 | 백헌탁, 이문주, 김태선, 백설
행복한연수원 | 이종균, 박세원, 이보름, 반성현, 남기연, 고요한
에듀니티교육연구소 | 조지연
경영지원 | 한종선, 박란희
편집부 | 이하영, 신은정, 최진영, 김준섭
책임편집 | 권은경
디자인 | 박대성, 이수정

펴낸 곳 | (주)에듀니티(www.eduniety.net)
도서문의 | 070-4342-6110
일원화 구입처 | 031-407-6368 (주)태양서적
등록 | 2009년 1월 6일 제300-2011-51호
주소 | 서울특별시 종로구 인사동 5길 29, 9층

ISBN 979-11-6425-035-6 (13370)
책값 16,000원

· PAMA ·

좋은 부모가 되기 위해 꼭 알아두어야 할 부모 아카데미 PAMA

1.부모에게 특화된 교육 프로그램
자녀 성장단계별, 주제별 학부모 맞춤형 콘텐츠 제공

2.짧은 영상 콘텐츠를 모바일에서 쉽게
5~10분의 영상 콘텐츠를 언제 어디에서나 학습 가능

3.지능적인 학습 어시스턴트
인공지능을 통해 분석된 학습패턴 데이터로 더 유용한 콘텐츠를 최적의 시점에 추천

4.함께 공부하는 그룹 기능
별도 그룹을 통해 교육청이나 학교에서 가지고 있는 자체 콘텐츠를 활용한 과정운영 가능

5. 효율적인 운영으로 업무경감
학습 스케 설정 시 자동알림, 학습경과 조회 등 담당자 업무 경감을 위한 편리한 운영

6. 학습성과 리포트
학습성과 실시간 확인 및 학습 완료 후 결과 리포트 다운로드

파마는 〈최초의 마이크로 러닝 기반 학부모 교육〉 지원 서비스로,
학교에서 요구되는 부모교육을 효과적으로 지원합니다.

홈페이지 www.pama.kr / 문의전화 070-4342-6109

대한민국 학부모로 잘살아가기
박재원

당신이 몰랐던 진짜 진로!
조진표

친절하며 단호한 부모의 비법_긍정훈육
김성환

21세기 부모의 조건
미래교실네크워크

**김현수 교수가 이야기 하는
사회정서학습(SEL)이란?**
김현수

**부모님이 궁금해하는
소프트웨어 교육의 모든것**
이현아

**5분만에 배우는
우리아이 미술놀이**
김보법

학부모를 위한 학교폭력 예방교육
송형호외 2명

**자해와 자살을 시도하는
아이들의 마음 들여다보기**
김현수

**이상인 경감이 알려주는
가정폭력 예방교육**
이상인

신하영 경위가 말하는 성범죄 예방교육
신하영

사이버범죄에서 아이들 보호하기
이상인

창의성코칭, 지금바로 시작하기!
김홍태

역사가 머무는 곳, 서대문형무소
변상철